FRANCISCO
O Mensageiro da Paz

EDELVAN JOSÉ DOS SANTOS

FRANCISCO
O MENSAGEIRO DA PAZ

50 ensinamentos do Papa Francisco
com reflexões para fortalecer a fé
e a esperança

EDITORA
SANTUÁRIO

Dados Internacionais de Catalogação na Publicação (CIP) de acordo com ISBD

S237f Santos, Edelvan José dos

Francisco, o mensageiro da paz: 50 ensinamentos do Papa Francisco com reflexões para fortalecer a fé e a esperança / Edelvan José dos Santos. - Aparecida : Editora Santuário, 2023.
104 p.; 14cm x 21cm.

ISBN: 978-65-5527-300-7

1. Religião. 2. Cristianismo. 3. Papa Francisco. 4. Ensinamentos. 5. Fé. 6. Esperança. I. Título.

2023-568 CDD 240
CDU 24

Elaborado por Vagner Rodolfo da Silva - CRB-8/9410

Índice para catálogo sistemático:
1. Religião : Cristianismo 240
2. Religião : Cristianismo 24

1ª impressão

Rua Pe. Claro Monteiro, 342 – 12570-045 – Aparecida-SP
Tel.: 12 3104-2000 – Televendas: 0800 - 0 16 00 04
www.editorasantuario.com.br
vendas@editorasantuario.com.br

Dedicatória

Dedico esta obra, primeiramente, a Deus, pois com Ele e por Ele o impossível se desvanece; também a Jorge Mario Bergoglio, nosso amado Papa Francisco; e a meus pais, João Marques e Maria Hermelinda, meus grandes incentivadores e meus alicerces. Ainda, ofereço este trabalho a meus padrinhos, Gervásio e Beatriz, Carlos e Rosângela. Enfim, dedico este livro a todos os meus familiares e amigos, que, perto ou longe, estão sempre presentes em minha vida.

Apresentação

Era 13 de março de 2013, quando a multidão de fiéis, na Praça de São Pedro, aguardava, com entusiasmo e inquietude, o anúncio do sucessor de Bento XVI.

Podia-se perceber a emoção estampada no rosto do povo de Deus, ao contemplar a "fumaça branca" na chaminé da Capela Sistina, sinal da tão almejada escolha do 266° Papa da Igreja Católica Apostólica Romana.

Eis a aparição do novo pontífice, na varanda central da Basílica de São Pedro, o argentino Jorge Mario Bergoglio, o qual passou a ser chamado de papa Francisco. Essas foram as primeiras palavras do Mensageiro da Paz em sua saudação à cidade de Roma e ao mundo inteiro:

> *"Irmãos e irmãs, boa noite!*
>
> *Vocês sabem que o dever do Conclave é dar um bispo a Roma. Parece que meus irmãos cardeais foram buscá-lo no fim do mundo, mas estamos aqui. Agradeço a vocês a acolhida na Comunidade Diocesana de Roma, como seu bispo. Obrigado!*
> *Em primeiro lugar, gostaria de fazer uma oração por nosso bispo emérito, Bento XVI. Rezemos todos juntos por ele para que o Senhor o abençoe e Nossa Senhora o guarde (proferiu o Pai-nosso, a Ave-Maria e o Glória).*
> *E agora, começamos este caminho, bispo e povo, esse caminho da Igreja de Roma, que é aquela que preside na caridade com todas as Igrejas. Um caminho de fraternidade, de amor e de confiança entre nós. Rezemos*

sempre por nós, uns pelos outros. Rezemos por todo o mundo, para que seja uma grande fraternidade. Eu desejo que este caminho de Igreja que hoje começamos – me ajudará o meu cardeal vigário aqui presente – seja frutuoso para a evangelização dessa sempre bela cidade.

Agora eu gostaria de dar a bênção, mas antes lhes peço um favor. Antes que o bispo abençoe o povo, eu peço que vocês rezem ao Senhor que me abençoe. A oração do povo pedindo a bênção por seu bispo. Façamos em silêncio, essa oração de vocês sobre mim (o papa Francisco inclinou-se para receber a prece do povo).

Agora vou abençoar vocês e todo o mundo, todos os homens e todas as mulheres de boa vontade (o Papa concedeu a bênção em latim e a indulgência plenária).

Irmãos e irmãs, deixo-os; obrigado pela acolhida. Rezem para que logo nos vejamos. Amanhã quero ir rezar a Nossa Senhora, para que proteja toda a Roma. Boa noite e bom descanso!"

Prefácio

Estimado(a) amigo(a),

Há mais de uma década de pontificado, o primeiro Papa latino-americano revela ao mundo sua missão, confiada por Cristo, de ser o Mensageiro da Paz, aquele que abraça a todos com espontâneo carinho e amabilidade.

Os tocantes ensinamentos do papa Francisco vão muito além de nosso entendimento; são palavras da alma, a conduzir nossos corações à Paz do Senhor. Seja ao pobre ou ao rico, lá encontra-se Francisco, com sua mensagem fraterna, reanimando nossa alma desejosa de Amor com palavras de mansidão: "Não tenho ouro nem prata, mas trago o que de mais valioso me foi dado: Jesus Cristo!"

De fato, é impossível ficar indiferente à sublime sabedoria de Francisco, pois, a cada momento, somos transformados por sua grandeza espiritual para sermos mais irmãos, destruindo as fronteiras do ódio e da ganância, na luta por uma sociedade justa, sem violência e sem exclusão.

Ao meditar seus cinquenta ensinamentos, contidos nesta obra, você será incentivado a encontrar nas ternas palavras do Mensageiro da Paz uma fonte inesgotável da graça divina, para que sua fé e sua esperança fortaleçam sempre mais.

Que também sejamos instrumentos do amor de Deus na vida do irmão, levando Jesus Cristo – a Verdadeira Paz – aos corações mais sedentos da Palavra de Deus!

O autor

I

"A paz pode ser construída, se começarmos a estar em paz com nós próprios e com quem nos rodeia, removendo os obstáculos que nos impedem de cuidar de quem passa necessidade e vive na indigência."

Como é angustiante nos defrontarmos com alguma situação que tenta fragilizar nossa paz interior! Estar bem consigo mesmo e com os outros é um dos sentimentos mais preciosos que podemos almejar; se não temos paz, nada vai bem, não é mesmo? Como conquistar a paz interior? O que eu e você podemos fazer para alcançarmos essa dádiva?

Pelo perdão iniciamos esse processo, porque guardar mágoas e ressentimentos nos adoece, e, para se ter uma boa saúde mental e espiritual, necessitamos deixar de lado as desavenças. Se quisermos ter paz de espírito, vamos desapegar desse rancor e dessa negatividade, que ferem nossa alma cada vez mais.

Talvez alguém possa argumentar: "Eu não vou até ele(a) para fazer as pazes!"; no entanto, o perdão acontece não necessariamente na reconciliação entre duas pessoas; perdoar é inicialmente mudança interior. Aos poucos, iremos compreender que essa atitude nos capacitou a não continuarmos alimentando a raiva e a amargura; e, com o passar do tempo, a aproximação poderá fluir naturalmente.

Livres do rancor, que tal cultivarmos a gratidão? Ser grato pela família, pelo trabalho e por tudo que se tem beneficia o desenvolvimento da paz interior. Estudos mostram que a gratidão diminui níveis de estresse, além de estimular o otimismo e a satisfação pela vida.

Lembre-se: não é necessário ser rico para ser agradecido! Experimente enxergar o lado positivo dos desafios vividos: por exemplo, podemos não ter a casa de nossos sonhos, contudo há quem viva debaixo da ponte, por não ter onde morar. Aprender a valorizar o que possuímos é caminho certo para a paz de espírito!

Por fim, após perdoar e sermos agradecidos, vamos ser generosos com o próximo? Novamente, estudos comprovaram que ações espontâneas concedem a sensação de saúde e bem-estar. O nível de cortisol – hormônio do estresse – diminui com a prática da caridade. Podemos doar roupas, comida, dinheiro, embora a forma de ser generoso dependa de cada indivíduo. Realizar serviços voluntários, arrecadar donativos para instituição de caridade, ajudar amigos e familiares com dificuldades financeiras demonstra nosso coração aberto à generosidade.

Escutemos esse sábio ensinamento do papa Francisco! O perdão, a gratidão e a caridade jamais podem sair de nossa lista, se quisermos viver em paz com nós mesmos e com os irmãos. Com o coração sincero, peçamos ao Senhor nos ajudar nessa tarefa, pois sem Ele nada tem valor e com Ele tudo é possível! Assim seja. Amém!

2

"Não julgar, diz-nos Cristo. E, todavia, quantas vezes não só falamos sem provas ou por ouvir dizer, mas consideramos também ter razão quando somos juízes implacáveis dos outros, indulgentes com nós mesmos, inflexíveis com os outros."

Julgamentos não trazem nada de positivo, somente provocam mágoa, fofoca e sofrimento. Esse comportamento danoso está tão enraizado dentro de nós, que pode ser difícil livrar-se dele. Pode ser difícil, mas não impossível...

Com persistência, vamos mudando os hábitos, repensando algumas atitudes, antes de começarmos a falar do outro. Antes de proferir qualquer julgamento, coloque-se no lugar da outra pessoa, analise como você se sentiria ao ouvir suas depreciações. Com certeza, o resultado não será nada agradável: sentir-se-ia humilhado e, ao mesmo instante, enojado, pela perversidade escondida por trás do julgamento.

As difamações têm o objetivo de prejudicar o outro, mas se praticarmos o inverso? Vamos juntos desenvolver o costume de expressar palavras positivas, construir frases motivacionais para um diálogo otimista. Claro que será uma tortura habituar-se a isso – porque é mais fácil julgar do que elogiar o outro –, contudo esse exercício nos conduzirá a, cada vez menos, fazermos comentários nocivos sobre o próximo.

O verdadeiro cristão, antes de qualquer julgamento, deve questionar o motivo de o outro ter agido daquela maneira e se não faria o mesmo, caso estivesse na mesma situação. Ao voltarmos o olhar para dentro de nós, damos mais atenção para nossa vida e para o caminho que escolhemos trilhar. A partir daí, entendemos a importância de respeitar as diferenças humanas, ainda que não concordemos com certas atitudes e concepções.

Hoje, meu Deus, quero assumir uma postura menos julgadora e mais compassiva com meu semelhante. Antes de criticar alguém, buscarei orar por ele, para que encontre vosso caminho. Dai-me o Entendimento, ó Espírito de Amor, para compreender que sou pecador e não posso "jogar a pedra" no outro, porque também sou fraco e vacilante. Perdão, Senhor, se humilhei meu irmão e minha irmã, com fofocas e maldizeres; de coração arrependido, perdoai-me! Amém.

3

"Para quem segue Jesus não é tempo de dormir, deixar-se narcotizar a alma. Um drama de nosso tempo é fechar os olhos à realidade e voltar a face para o outro lado."

Em nosso tempo, a insensibilidade aos conflitos sociais pode ser percebida em muitos corações. "O problema é seu, resolva você mesmo!" A alma de muitos está adormecida para ajudar o próximo, alerta-nos papa Francisco. Reflitamos: em nossa comunidade, certamente, alguém passa por necessidades. Será que estamos prontos a auxiliar nosso irmão, diante de seu sofrimento, ou desviamos nosso olhar para outra direção?

Se optamos por não ajudar a quem tanto precisa, ainda não somos seguidores de Jesus Cristo. O tempo passa, e a caridade é abandonada. Às vezes, dispomos de tempo, sem nada para fazer, e nem sequer passa por nossa cabeça ir ao encontro das mazelas do outro.

Ainda há tempo de mudar, deixar nossa alma ser penetrada pela dor alheia e acreditar na força transformadora da solidariedade, capaz de superar diferenças e restaurar sonhos perdidos pelo desemprego, pela falta de moradia e de comida...

Unamos nossas mãos, encorajemo-nos a olhar a face da dor humana; ali estará o Cristo, a nos abraçar; Ele nos dirá: "Hoje, meu coração encheu-se de alegria, porque você se tornou meu discípulo!"

4

"O cristão não segue seus caprichos, mas, sim o chamado do amor, a voz de Jesus."

Hoje, parei um instante para ouvir meu Senhor, recolhido em meu quarto estava, sem deixar-me atormentar pela loucura deste mundo, que muito assombra os pensamentos, na tentativa de seduzir-me com falsos amores.

Hoje, parei um instante para fazer o exame de consciência, encontrei tantos erros cometidos; por vezes, abandonei minha fé, fui violento nas palavras, banhei-me no mar do orgulho e do egoísmo, esquecendo meus princípios.

Hoje, parei um instante para entender que talvez me falte muito para ser verdadeiramente cristão. Necessito abandonar a impaciência e irritação pelo corre-corre cotidiano, evitando as fofocas e a devassidão.

Hoje, iniciei minha caminhada de cristão, desnudei-me da fantasia e dos maus desejos, que me aprisionavam, e no íntimo encontrei a voz de Deus a dizer: "Vem e segue-me!" Sem hesitar, eu respondi: "Aqui estou, Senhor! Ao teu lado hoje e sempre eu quero estar. Amém!"

5

"A lamentação e o pessimismo não são cristãos. Não fomos feitos para viver cabisbaixos, mas para levantar o olhar para o céu, para os outros, para a sociedade."

Não faz parte do perfil cristão deixar-se entregar ao pessimismo, ainda mais, viver a lamentação dos tropeços passados. Esses sentimentos ruins somente atrasam a vida, estagnam o progresso pessoal, enfraquecem a fé, pois o pessimista tem dificuldade de sentir a proteção de Deus, então, perde-se o rumo para solucionar os problemas.

Ao contrário do pessimismo, no Evangelho, a alegria está presente na vida de quem crê firmemente nos desígnios do Pai. Assim aconteceu com a Virgem Maria: confiou nas palavras do anjo, aceitou de todo o coração a missão de ser mãe do Salvador. Poderia mergulhar na sombra do medo e da dúvida, pois os maus julgamentos, certamente, surgiriam pela inesperada gravidez.

Contudo o otimismo e a alegria levam-na ligeiramente a dizer "sim" à vontade divina, pois a ação do Espírito Santo desconhece a lentidão. Ele quer de imediato nossa liberdade mental, sem aprisionamento ao comodismo e ao pessimismo, que somente criam entraves e mais entraves para prosseguir a caminhada.

Por isso o papa Francisco pede-nos que miremos o olhar para os Céus, na certeza de um Deus-Amor, pronto a nos escutar em nossas tribulações. Acreditemos na salvação prometida por Cristo, que tudo nos perdoou. Se cometermos algum erro, Ele nos perdoará se mantivermos o coração contrito. Levantemos o olhar para o Criador, exultemos de alegria, por seu infinito amor, e nossa alma encontrará a paz nos momentos de desespero. Amém!

6

"A graça de Deus é oferecida a todos; e muitos que nesta terra são os últimos, no céu serão os primeiros."

A cada instante, Deus Pai nos convoca a fazer parte do Reino dos Céus. Sua bondade estende-se a toda criatura – do pobre ao rico –, porque nos ama igualmente, deseja que entremos em sintonia com o Filho Amado para sentirmos sua presença em nosso meio.

Às vezes, questionamos o motivo de não termos as mesmas oportunidades que o irmão e por que não somos reconhecidos por nossos sacrifícios da mesma forma que muitos foram privilegiados, os quais dispuseram de menos energia e esforço.

Diante dessas indagações, esquecemo-nos de que todos somos agraciados pela misericórdia divina, temos o mesmo carinho de Deus, contudo a medida e o peso que damos às coisas materiais e passageiras não têm valor aos olhos do Pai. Ao Senhor, a primazia está no amor com que realizamos nossos trabalhos e no carinho dedicado à ajuda ao próximo.

Você até pode ser o último para os homens, o descartável para os poderosos, aquele que é menosprezado pela condição social, contudo para o Pai, querido(a) irmão(ã), você é a joia rara de seu reinado, porque se fez pequenino diante da injustiça humana. E lembre-se: somente pelo fato de ser filho(a) de Deus, você recebeu a maior de todas as heranças, escolhido a dedo para os desafios da vida, que o lapidarão para encontrar o "tesouro" da salvação. Acredite: você é muito especial para o Senhor!

7

"A falta de caridade causa infelicidade, porque só o amor sacia o coração."

Se quiser tornar-se mais feliz e saudável, ajude o próximo! Quando nos dispusermos a ajudar alguém, seja um vizinho, um colega, um parente ou até mesmo um desconhecido, sem que percebamos, entraremos em sintonia com Deus, além de contribuirmos para uma sociedade mais justa e igualitária.

Engana-se quem pensa que somente com dinheiro é possível ajudar, porque doar o tempo, uma ideia ou o esforço também é forma de ajudar, de se sentir bem, fazendo o bem.

Sim, a caridade preenche o vazio da alma, e o amor aflora e satisfaz nosso coração. Uma maneira poderosa de fortalecer a própria felicidade e a dos outros a nossa volta é praticar a caridade, tanto faz se são atitudes pequenas, planejadas em grupo ou espontâneas, o que realmente importa é não ficar de braços cruzados, se o bem puder ser realizado.

Estudos científicos revelam: ajudar o próximo impulsiona a felicidade, aumenta níveis de satisfação, de sensação de competência, além de melhorar o humor e reduzir o estresse.

Sinta-se chamado por Cristo a ser instrumento da caridade, protagonista do bem, que não doa tempo e carinho para ser reconhecido pelos seus, contudo espera somente a recompensa divina: a Salvação, a eterna felicidade!

8

"Oferecer a outra face não é o recuo do perdedor, mas a ação de quem tem uma força interior maior, que vence o mal com o bem, que abre uma brecha no coração do inimigo, desmascarando o absurdo de seu ódio. Não é ditado pelo cálculo, mas pelo amor."

Você já parou para pensar que a Salvação é para aqueles que possuem a coragem de amar os inimigos, perdoar-lhes e rezar por eles, como nos ensina o Pai-nosso? Bater em nossa face e oferecermos a outra pode causar assombro para muitos, porque essa postura quebra o orgulho, além de soar como rebaixamento para os corações insensíveis à graça do Senhor.

A cultura do "olho por olho, dente por dente" está ultrapassada dentro do Evangelho do Senhor. Necessita-se com urgência ir contra a lei de "quem vence é sempre aquele que bate mais forte". Não fomos criados para esse mundo traiçoeiro, por isso devemos lutar com as armas da fé e do perdão, se quisermos a prosperidade eterna.

Se nos agridem, queremos responder com violência; se falam mal de nós, não nos calamos e tomamos satisfação. A questão é que a agressão, a fofoca, o ódio são armas do demônio, e não pertencemos a ele, somos filhos de Deus. Desse modo, se desejamos revidar com as armas do maligno, também passamos a ser considerados maus, indo contra os ensinamentos de Cristo. Os homens podem nos julgar como tolos, por aceitarmos as ofensas sem nos vingarmos, no entanto somos bem-aventurados para o Altíssimo.

Não somos perfeitos, mas, se nos oferecem o mal, temos o bem para retribuir. A razão pela qual a Palavra de Deus nos diz para oferecermos a outra face é porque tanto a face da direita quanto a da esquerda compõem a face do amor de quem sabe perdoar ao outro, diante das adversidades. Se golpeiam um dos lados de nosso rosto, temos do outro lado o amor como resposta à agressão.

Senhor, eu quero acolher quem outrora me prejudicou. Talvez, meu inimigo desconheça que eu saiba o que ele fez contra mim, mas faço questão de ele jamais saber, eu já lhe perdoei e isso me basta. Agradeço, Eterno Pai, de todo o coração, pois me ensinastes a manter a serenidade na hora do rancor e a resiliência na hora de perdoar. Sim, meu Deus, seguirei no firme propósito de ser fiel discípulo de Jesus; como estais dentro de mim, nada poderá me derrotar. Amém!

9

"Mesmo se todas as portas humanas estiverem trancadas, a porta de Deus estará aberta."

Inúmeras vezes, fui tomado por expectativas, à espera de alguém para estender a mão, que entendesse meus conflitos e ajudasse a me reerguer. Outras vezes, senti a necessidade de ir ao encontro de tantos corações, no entanto as portas estavam trancadas; regressei e senti-me sozinho.

E, na angústia e solidão, lembrei de uma canção: "Mesmo na doença, no sofrimento e na dor, mesmo na tristeza, confia no Senhor. Mesmo se as portas se fecharem ao redor, abre o coração, confia no Senhor. Confia no Senhor, e Ele te dará carinho, paz e proteção!"

Como eu pude me esquecer de ti, meu Senhor? Que ingratidão a minha buscar-te somente neste momento de aflição! Bem sei, meu Deus, que jamais me deixas ao abandono, embora seja eu quem tenha te abandonado.

Sem perceber, depositamos nossa confiança no trabalho, nos prazeres, no dinheiro, porém nenhum deles são eternos e infalíveis; com o passar do tempo nos frustramos por confiar cegamente nas coisas terrenas.

Se a esperança se centraliza em Cristo, pode-se estar seguro de que nunca haverá frustração ou solidão. Ele é o melhor amigo, o amigo certo nos momentos incertos, não abandona nem trai a confiança.

Querido(a) irmão(ã), deposite seus sonhos, seus projetos pessoais, medos e suas dúvidas nas mãos de Deus. A porta do Senhor está aberta àquele que se submete à vontade do Pai. Enfim, somente quem confia totalmente em

Deus e entrega sua vida, sem reservas, tem em seu viver uma esperança duradoura e inabalável.

E lembre-se: "Confia no Senhor, e Ele te dará carinho, paz e proteção!"

10

"É o amor que muda: as coisas comuns, quando feitas com amor, tornam-se extraordinárias."

Pelo verdadeiro amor, aprendemos a auxiliar o outro sem desejar nada em troca, ato compassivo e empático, sem se deixar levar pelo orgulho e pelos interesses próprios. O que fazer para transformar simples gestos em ações extraordinárias?

Antes de tudo, necessita-se amar a si mesmo, porque uma pessoa só consegue praticar o bem e amar o outro quando ela se ama também. Quando nos transbordamos de amor, que cultivamos no íntimo, esse sentimento passa a tornar-se imensurável. Desse modo, sentimos a necessidade de espalhá-lo para as pessoas que estão ao redor.

Tão indispensável quanto estimular o amor em nossa alma é fazer escolhas certas e manter atitudes humanitárias, que realmente ocasionam impacto na vida das pessoas necessitadas que cruzam nosso caminho. Assim fazia Jesus...

Nosso Senhor não procurou ser amado, contudo, por ser o supremo Amor, espalhou o amor pela prática do bem, seguindo os mandamentos da Lei; amou infinitamente até a crucificação. Ressuscitado, junto do Pai, continua a nos amar e a resgatar-nos das amarras do pecado.

Algumas dicas para você transformar atitudes comuns em gestos extraordinários na vida do irmão:

– Seja cortês com todos que cruzarem seu caminho, pois não fazemos ideia do que se passa na vida do outro. Um sorriso, um "bom-dia" ou uma atitude afável e carinhosa podem significar muito para os que estão a nosso redor;

– Valorize o diálogo e o respeito dentro de casa! Talvez, sem percebermos, temos paciência com os colegas de trabalho, do grupo religioso, com os amigos, no fim de semana, entretanto falta-nos a calma para lidar com problemas dentro de nosso lar. Promover a paz em casa e estreitar os laços familiares é atitude altruísta e também extraordinária;

– Respeite as diferenças entre as pessoas. As dissemelhanças não existem para nos distanciar, mas para unificar e diversificar a vida. Respeitar o pensamento, aceitar o estilo de vida ou as características díspares do outro é uma forma de amar o próximo;

– Confie no poder transformador do amor, dedique, diariamente, um espaço de tempo para realizar uma nobre ação em sua comunidade; compreenda mais e julgue menos!

Nunca deixe morrer a esperança e a paz em seu coração, pois as sementes que hoje você planta na vida do irmão, amanhã, serão retribuídas em abundantes bênçãos em seu viver. Com Cristo, sempre unidos pelo amor!

11

"Com a guerra, tudo se perde, tudo, não há vitórias em uma guerra. Todo mundo é derrotado. Que o Senhor envie seu Espírito para que faça entender que a guerra é uma derrota para a humanidade e nos libere dessa necessidade de autodestruição."

Certo jornal relata o terrível destino de Alisa, uma criança sonhadora, cheia de vida e energia, de apenas sete anos, que acabou morrendo no hospital, em 26 de fevereiro de 2022, um dia após o ataque no jardim de infância, no segundo dia da invasão russa à Ucrânia.

Lamentavelmente, a desumana história continua a se repetir: quantas crianças ainda morrerão, para que os "poderosos" deste mundo entendam que com a guerra somente perdemos? Não há vitoriosos, somente permanecem as lágrimas de sangue estampadas no rosto dos que ficam desolados, abandonados à própria sorte. Que vitória é essa capaz de destruir uma vida inocente?!

Por vezes, podemos fraquejar na fé, desistir de sonhar com dias melhores, sentir-nos indefesos diante da crueldade e violência, porém, bem no fundo de nosso coração, há uma chama vívida, incapaz de ser apagada, ainda que haja tempestades avassaladoras. Sim, esse fogo, que pulsa em nosso íntimo, faz-nos almejar as "coisas do alto" e querer somente a paz.

Olhe para dentro de você, sinta o Espírito Santo de Deus a incendiar seu coração, entregue suas decepções, seus medos e suas fraquezas! Peça ao Paráclito o Entendimento, a Sabedoria e a Piedade a serem derramados em muitos corações depravados pela ganância desmedida.

Unamo-nos na corrente de oração, invoquemos o poder do Altíssimo sobre a face da terra, para que sejam exterminadas a guerra e as divisões entre os povos: "Ó Espírito Santo, derramai dos Céus os dons necessários para a conversão das pecadoras almas autodestrutivas pelo ódio e pela ambição. Que reine a Paz de Cristo para construirmos a unidade em nossas adversidades, pois o mundo somente poderá pacificar se estivermos em sintonia com vós, Espírito Restaurador, e que possamos, um dia, alcançar a misericórdia do Pai. Assim seja. Amém!"

12

"Nada de pactos com o mal! Não devemos cair naquele sono da consciência que faz dizer: 'Afinal, não é grave, todos fazem assim!' Olhemos para Jesus, que não faz acordos com o mal. Ele combate o diabo com a Palavra de Deus e assim vence as tentações."

Senhor Jesus, diante de vossa soberana presença, venho exaltar: "Eu sou inteiramente vosso!" Minha alma vos pertence, pois eu não compactuo com as façanhas das trevas. Se em algum momento eu tive parte com as obras malignas, suplico vosso perdão, arrependo-me de todo o coração.

Também deposito meu presente e meu futuro em vossas puríssimas mãos, para que nenhuma manifestação do mal se apodere de meu corpo e de minha mente. Selai-me, Senhor, com vosso Preciosíssimo Sangue, revesti minha família com vosso poder libertador.

Jesus, se por ventura eu estiver vivendo em desobediência a vossa Palavra, imploro minha cura espiritual, porque sou vosso, desejo entregar-me aos vossos cuidados, de dia e de noite, para que nada me desvie de vosso caminho, que é Verdade e Vida.

Enfim, eu vos peço perdão pelos maus sentimentos, outrora, enraizados em meu coração: ódio, inveja, mentira, egoísmo, preguiça e toda forma de pecado. Lamento as vezes em que fui infiel a vosso chamado, busquei solucionar meus problemas de forma leviana.

Reconheço minha fraqueza, por isso dai-me a força de vosso Santo Espírito, para me libertar de laços que ainda me prendem ao mal. Com ardor, desejo caminhar na santidade para um dia contemplar vossa face misericordiosa. Obrigado, Senhor, por vosso perdão e tende piedade de mim! Amém.

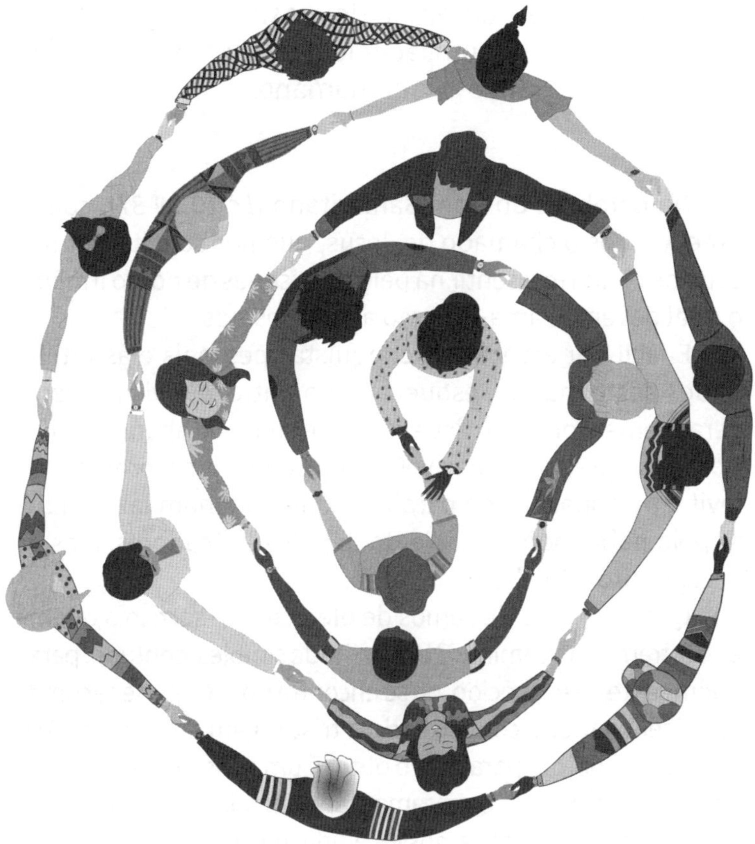

13

"A proximidade é um bálsamo precioso, que dá apoio e consolação a quem sofre na doença. Enquanto cristãos, vivemos uma tal proximidade como expressão do amor de Jesus Cristo, o bom Samaritano, que, compadecido, se fez próximo de todo o ser humano."

Na parábola do Bom Samaritano *(Lc 10,30-37)*, compreendemos o chamado de Jesus, que nos solicita sair da zona de conforto e sentir na pele as misérias de nosso irmão, o qual devemos amá-lo como a nós mesmos.

É fácil dar atenção às conquistas pessoais e às futilidades deste mundo, esquecendo o outro, em vista disso, geralmente o próximo fica excluído e sente-se abandonado. Com essa prática insensível, somos como o sacerdote e o levita, personagens da parábola, que poderiam fazer muito pelo pobre homem violentado pelos salteadores, mas o preconceito falou bem mais alto.

Quantas vezes deixamos de oferecer um sorriso a quem encontramos no caminho? Uma atitude simples, contudo, para quem sente-se esquecido, ou se encontra doente, pode ser uma fonte renovadora, convertendo a tristeza em esperança. Ter amor e compaixão para com o outro é uma das mais preciosas lições da parábola do bom samaritano, afinal, é nos momentos mais difíceis que precisamos de ajuda, não é mesmo?

O amparo aos necessitados, doentes e abandonados no caminho da vida é um testemunho grandioso, abre o coração à verdade bíblica: "Não há maior amor que dar a vida pelo irmão" *(Jo 15,13)*. Devemos estar conscientes disto: ter uma posição religiosa ou se dizer cristão autêntico, sem praticar a caridade, fica bem próximo da hipocrisia dos escribas e dos fariseus, verdadeiros opositores à Palavra de Cristo.

Que vivamos a caridade plena e despretensiosa, alicerçada nos mandamentos de Deus. O Senhor almeja atrair-nos a seu coração, para sermos colaboradores de sua messe. Contudo somente seremos convidados à morada do Pai, se fizermos de nossa vida uma oferta agradável aos irmãos.

Os dias podem ser maus para o sofredor, mas a caridade, a compaixão e a fé podem mover montanhas, fazer desta terra um mundo melhor para as novas gerações. Sejamos semelhantes ao bom samaritano, deixemo-nos ser tocados pelo sofrimento do irmão e escutemos o que nos diz o Senhor: "Vai e faze o mesmo!" *(Lc 10,37)*. Amém!

14

"As tentações, muitas vezes, apresentam-se sob uma forma aparente de bem. O diabo usa sempre o engano, chega com um rosto angélico. Se cedermos a suas lisonjas, acabamos por justificar nossa falsidade, disfarçando-a de boas intenções."

Querido(a) irmão(ã), quando decidimos seguir a Cristo, encontramos a verdadeira paz, porém ainda teremos de ultrapassar muitos empecilhos e muitas tentações, porque o maligno não procura atacar os desobedientes ao Evangelho, ele deseja nosso vacilo, perseguir e pôr obstáculos na vida dos que vivem a santidade.

Jamais isso deve ser razão para entrar em uma crise emocional, pois não há motivos para temer o demônio, porque ele já foi derrotado pelo Altíssimo. Por sermos filhos de Deus, é ele quem deve sentir medo de nos encarar, porque perdeu a confiança do Pai, que hoje nos é concedida por sua misericórdia.

O diabo utiliza de várias maneiras para nos enganar. Já parou para refletir sobre o desânimo? Esse artifício maligno tenta nos desviar do plano de salvação. Desencorajar torna-se a missão primordial do maligno, porém ele se engana ao cogitar nossa desistência de seguirmos em frente. "Somos de Deus e com Ele vamos até o fim!"

Ao estudar a vida dos santos, observa-se como a missão de servir ao Pai é repleta de barreiras e provações. São Pio de Pietrelcina e Santa Teresa de Calcutá sentiram a crise existencial diante das humilhações, dos sofrimentos e das incertezas, em sua caminhada de fé. Contudo sobressaíram, superaram as dificuldades, enfrentaram com firmeza o diabo e o venceram.

Também devemos ser guerreiros da salvação, fiéis a Cristo, nosso Senhor. Você passará por momentos de crise, o inimigo vai mostrar sua "docilidade" nos momentos de fraqueza, medo, raiva, ansiedade. Mas mantenha-se confiante no amor do Pai, lute contra essas táticas enganadoras. Meias verdades ele quer oferecer, e você tem dentro de si a Verdade completa: Jesus Cristo, o Caminho e a Vida!

Não seja falso consigo mesmo por ceder à tentação do pecado: "Por que não cometer um pequeno deslize, se meus irmãos pecam muito mais do que eu?" Não caia nesse comodismo, procure a mudança espiritual!

Tenha consciência de que a luta contra o maligno será até o fim de sua vida e de que, se usar as armas da fé, não precisará nada temer. Até poderão chamar você de doido e louco, e somos realmente loucos de amor por Cristo, que nos salvou da morte e do pecado, derrotou nosso maior inimigo.

Enfim, hoje você pode gritar para o mundo: "A vitória é minha, porque Deus está comigo, e com Ele seguirei para sempre!" Confie, acredite, a santidade é a estrada que leva ao Pai. Amém!

15

"Deus é Pai e olha para você como o melhor dos pais: não vê os resultados que você ainda não alcançou, mas os frutos que poderá dar; não leva em conta suas faltas, mas encoraja suas possibilidades; não se detém em seu passado, mas aposta em seu futuro."

O receio de não ser bom o suficiente habita o pensamento de inúmeros indivíduos, e a exigência excessiva consigo mesmo afeta o dia a dia; não importa o que se faça, a percepção é de que o satisfatório jamais se alcançará.

Nosso Deus não condena seus filhos pelos resultados ainda não alcançados, contudo valoriza as conquistas que já obtiveram ou ainda irão ter. Por seu amor infinito, Ele age assim, com mansidão e paciência, modela-nos para sermos frutíferos nas tarefas cotidianas, pois Ele é o Eterno Amor.

Mesmo o Pai sendo amoroso e paciente com nosso progresso, somos nós que nos cobramos, muitas vezes, por não alcançarmos o esperado. É comum alguns pensamentos virem à tona: "Eu deveria ter conseguido"; "todo mundo consegue, por que eu não?"; "preciso dar conta disso, senão estou perdido!"

Provavelmente, eu e você nos identificamos com essas frases em algum momento de pressão, sentindo-nos sufocados e cansados.

Logo, percebemos que nunca estamos satisfeitos com nossas conquistas. Mesmo que façamos muito, a cobrança pessoal faz-nos focar no fracasso, naquilo que ainda não fizemos, nos erros passados, nas imperfeições. Como consequência, sem percebermos, eleva-se nosso nível de ansiedade, e o estresse mantém-se praticamente constante. Ao final, nossa chance de adoecer torna-se relevante.

Chega de viver assim, queremos mudança de vida, viver na paz de filhos amados de Deus. Estamos preparados para essa nova etapa da vida? Claro que sim! Temos um Pai Amantíssimo, que aposta em nossa vitória. A vida pode estar cada vez mais corrida, porém uma autorreflexão é necessária para nos conhecermos melhor, identificando o sentido que damos para nosso avanço pessoal e profissional.

Esqueça os fracassos passados, viva o presente com entusiasmo, acredite em seu potencial! Se preciso for, converse com um amigo ou familiar, confidencie seus medos; concentre-se nas coisas boas da vida, naquilo que você tem de melhor; enfim, tente interromper as memórias ruins, as lembranças negativas, que puxam você para baixo.

Faça um exercício mental, imagine que todas as preocupações, todos os erros e receios são como a poeira de seu quarto, que hoje, neste exato momento, você varre para fora de sua casa, porque isso não pertence mais a seu presente, é passado, e com o vento já se foi.

Liberte-se do medo, das decepções e cobranças desmedidas; entregue-se sem reservas ao Deus-Amor, que está a sua espera, haja o que houver. Sabe por que o Pai torce sem cessar por seu sucesso? Pois aos olhos do Senhor você é joia rara, um(a) eterno(a) vencedor(a)!

16

"Hoje, a verdadeira originalidade, a verdadeira revolução é rebelar-se contra a cultura do provisório, é ir além do instinto e do instante, é amar por toda a vida e com todo o próprio ser."

Toda pessoa deseja profundamente amar e ser amada, sentimento muito além do carnal, o amor substancial: aquele que conduz a ter compaixão do outro, admirar e se emocionar com pequenos gestos de carinho, enfim doar-se de corpo e alma para apoiar e ajudar.

Todavia, a cultura do provisório tem muito se difundido, principalmente entre os jovens, em busca da pseudoliberdade. Sim, esse descompromisso em ter relações mais duradouras não aumenta a liberdade, aliás, priva o ser humano de seu verdadeiro destino: alcançar metas verdadeiras e autênticas.

Muitos ignoram o passado e deixam de aprender valiosas lições com os erros. Equivocam-se ao pensar que ser autêntico é viver somente o instante, a qualquer custo, ainda que tenham de ignorar, magoar ou se rebelar contra quem se opuser a seus desejos e a suas atitudes.

Entretanto papa Francisco vem nos pedir que vivamos com profundidade o amor despretensioso, que prioriza o bem comum. A originalidade dos amantes de Cristo concentra-se em restaurar o mundo das superficialidades em um mundo irmão e solidário.

Cristo escolheu você para ser sinal de seu amor, não deixe roubarem seu desejo de construir em sua vida projetos sólidos e grandiosos; não se contente com metas pequenas!

Aspire à alegria, à caridade, à paciência e à fidelidade, tenha a coragem de sair do comodismo e de mergulhar por inteiro no futuro próspero junto a Deus.

Iluminados pelo Espírito Santo, reflitamos em nossos corações sobre as palavras do Papa, o Mensageiro da Paz: "O futuro está nas mãos de Deus, e Jesus, o Filho Unigênito, garante-nos que são as mãos de um Pai providente. Isso não significa negar as dificuldades e os problemas, mas vê-los, isto sim, como provisórios e superáveis. As dificuldades, as crises, com a ajuda de Deus e a boa vontade de todos, podem ser superadas, vencidas e transformadas". Confiemos no Senhor, e o mundo resplandecerá por seu Amor. Amém!

17

"Quem reza é como alguém enamorado: leva sempre no coração a pessoa amada, onde quer que esteja. Portanto podemos rezar em qualquer momento, nos acontecimentos de cada dia: na rua, no escritório, no trem; com palavras ou no silêncio de nosso coração."

Desde o acordar ao adormecer, carrego dentro de mim a paz, pois eu sinto a presença de meu Senhor a preencher todo o vazio da alma. Ele caminha comigo dia e noite, sem cessar. Com o Mestre posso ter a segurança da boa sorte e de que de todo mal me salvará.

Quem verdadeiramente ama Jesus leva sempre no coração o amor, porque Deus é Amor. Sem perceber, quem permite sua entrada ao coração, aos poucos, sentir-se-á seduzido pelos cuidados do Senhor. Ele ama, Ele cuida e Ele transforma a iniquidade em virtude.

De mãos postas, rezo ao meu Deus, ajoelhado recebo sua bendição, com seus anjos tenho a proteção necessária para ser preservado do perigo da inveja e da calúnia.

Para deixar Cristo agir em mim, fecho meus olhos e sinto o silêncio a invadir meu espaço. Sua Paz inexplicável me seduz, a ponto de esquecer meus problemas cotidianos. Convosco sou totalmente feliz, porque vós sois meu redentor.

Obrigado, meu Senhor, pelo supremo amor, não me deixeis desviar de vossos preceitos. Quero sempre exaltar vossa misericórdia, olhastes minhas boas obras e esquecestes de meus tropeços. Agradeço-vos eternamente tamanho carinho, estarei unido a vosso coração para sempre vos amar. Amém!

18

"Não tenhas medo de apontar para mais alto, de te deixares amar e libertar por Deus. Não tenhas medo de te deixares guiar pelo Espírito Santo. A santidade não te torna menos humano, porque é o encontro da tua fragilidade com a força da graça."

Comumente, encontramos alguém a desviar o olhar, quando afirmamos que nossa missão na terra é buscar, sem cessar, sermos santos de Deus. Essa dádiva não parece se encaixar bem nos tempos atuais, porque a maioria avalia que, se for para viver a santidade, com privação da liberdade, então, é melhor esquecer "essa loucura".

Na realidade, essa falsa liberdade faz com que o indivíduo esteja, cada vez mais, aprisionado dentro de seu próprio mundo egocêntrico e egoísta, em que o que tem valor é viver de aparências e o ter. Para ele ajudar o outro torna-se atraso de vida, sem perceber que sua vida está sendo sugada por falsos amores: dinheiro, status, fama, beleza exterior e outras vaidades. Quem mantém essa postura distorcida da liberdade considera-se autossuficiente, pensa não precisar de ninguém, muito menos de Deus; aliás, muitos negam a existência de nosso Criador e são incapazes de olhar para as necessidades do irmão sofredor.

Felizes somos por conhecermos a verdadeira liberdade, centralizada no Cristo, nosso Senhor. Temos convicção de que ser santo jamais será um fardo, mas um trabalho contínuo de aperfeiçoamento e reerguimento. Cair será inevitável, machucar também será preciso para alcançar esse bem maior, permitindo que a graça divina vá ao encontro de nossa fragilidade.

Unidos aos irmãos marginalizados, erguemos nossas mãos aos Céus para pedir ao Espírito Santo que conduza nossos passos, derramando seus dons sobre cada um de nós. Sim, Senhor, damos permissão total para adentrar nossa alma, para nos amar e nos libertar dos falsos deuses, responsáveis por tanta desigualdade e desregramento.

Queremos buscar a plenitude humana, vivendo no respeito e na caridade, para transformarmos o mundo pela Verdade do Evangelho. Compreendemos que, para sermos santos, devemos olhar menos para nós e contemplarmos mais a vida do outro, além de viver na humildade de filhos de Deus, sem considerar ser mais do que aquilo que realmente somos. Que nossa vida seja expressão do que rezamos, que nossas preces sejam sinais do que amamos e, impulsionados pelo amor de Cristo e na força do Espírito, possamos progredir no caminho da autêntica santidade. Assim seja!

19

"De onde pode começar o caminho da paz? Da renúncia a ter inimigos. Quem acredita em Deus não tem inimigos para combater. Tem apenas um inimigo a enfrentar, que está à porta do coração e insiste entrar: é a inimizade."

No livro da vida, estamos sempre a escrever uma nova página, ora momentos felizes, ora momentos difíceis de se atravessar. Ao longo dessa jornada, quantas páginas você já escreveu, com abundante alegria por conhecer pessoas especiais, os valorosos amigos?

Inevitavelmente, também tivemos de preencher páginas, naquelas horas em que as lágrimas caíram, pelos desafetos e pelas decepções, por causa de falsas pessoas, que jamais quiseram nosso bem e colocaram-se contra nós. Quisemos, até certo momento, fazer o possível para apaziguar a relação turbulenta, contudo foi inútil. Inimigos declarados diziam sem piedade: "Eu não gosto de você! Nunca fui com sua cara! Detesto esse seu jeitinho!"

Realmente foi infortúnio, nunca escolhemos ter inimigos, contudo, quando menos esperávamos, a erva daninha da desunião foi aos poucos crescendo; quando demos conta, o estrago já havia acontecido.

Sei que, dentro de seu coração, sua alma clama: "Não quero viver a inimizade com ninguém!", e assim devemos ser, porque Deus se alegra por esse esforço pessoal. Porém isso não depende só de mim e de você, na maioria das ocasiões, não somos nós os inimigos dos outros, são eles que decidiram cultivar a inimizade conosco.

Todavia, o caminho da paz começa dentro de seu coração. Você pode dar um novo rumo a sua história, pois Deus lhe confia uma grande missão: destruir a semente da inimizade. Todos os dias há um novo amanhecer, e a batalha contra o mal continua; ele não desiste de desunir os filhos do Pai. Não permita que o rancor impulsione você a agir maldosamente, como agiram no passado contigo.

Permita-me dizer: não se entregue ao desânimo, não entristeça, muito menos perca o sentido da vida! Se houver alguém que esteja contra você, ofereça-lhe sua poderosa arma: a oração.

"Senhor, neste momento, peço que olheis por quem deseja meu mal, quero bem a meus inimigos, que vossa misericórdia chegue ao coração deles. Não quero ser cúmplice dessa desavença, pois, quando se deseja o mal, esse sentimento faz mal a mim também. Com sinceridade, elevo minhas preces de cura e libertação de nossas almas, para que encontremos em Cristo a fonte inesgotável da verdadeira Paz, transbordante de perdão, piedade e superação. Assim seja. Amém!"

20

"Não faz sentido acumular, se um dia iremos morrer. O que temos de acumular é a caridade, é a capacidade de partilhar, a capacidade de não ficar indiferentes diante das necessidades dos outros."

Reflexões constantes sobre o modo de pensar e de agir nos direcionam na vida e nos dão a segurança, que não se sustenta em bens materiais. Sabemos que, pela eminente cultura consumista e capitalista, é difícil despojar-se do desnecessário, conduzindo o homem ao acúmulo desenfreado e sem benefício social.

O seguidor de Cristo tem convicção de que somente terá liberdade de espírito se descartar do coração o apego material. Quantos perderam sua identidade – como herdeiros da salvação – por escolherem idolatrar o dinheiro e, dessa forma, estimularem o desprezo do irmão necessitado? Com certeza, muitos se perderam pela ganância, pois depositaram toda a fé no acúmulo de bens materiais e renunciaram a Cristo, pela indiferença aos mais pobres.

Aos corações ambiciosos, Deus declara: "Louco, nesta mesma noite tua vida vai ser requisitada! E para quem vai ficar o que ajuntaste?" *(Lc 12,20)*. Assim é o homem que deposita sua confiança no dinheiro: um alienado, pobre aos olhos do Senhor, que tudo perde, até mesmo a própria vida.

Os filhos bem-queridos do Pai ajuntam a riqueza espiritual, fundamentada na partilha e na solidariedade. Desapegar-se das coisas terrenas não denota viver à míngua, mas manter a preocupação com o indigente, não compactuar com a desigualdade social.

Por fim, o Senhor nos questiona qual caminho queremos seguir: o da insensatez dos poderosos ou o da sabedoria dos humildes? Sim, queremos servir o irmão sofredor, acolher os sedentos de esperança e de amparo, porque desejamos libertar nosso coração da ganância incontrolada, sendo compassivos com a miséria humana e fiéis discípulos de Cristo. Assim seja. Amém!

21

"Devemos nos questionar que gênero de palavras usamos. Palavras que expressam atenção, respeito, compreensão, proximidade, compaixão ou que poluem o mundo espalhando veneno: criticando, lamentando-se, alimentando a agressividade generalizada?"

Já parou para refletir que o Senhor nos concedeu um órgão capaz de vivificar ou de conduzir à morte? Sim, a língua, esse instrumento poderoso, pode irradiar esperança e paz, contudo, inúmeras vezes, há quem a utilize para reclamar da vida, caluniar e espalhar a desunião.

Quão feliz é aquele que abre sua boca para abençoar o irmão, para adorar a Cristo, mas infeliz é aquele que utiliza o falar para destruir o semelhante. Muitos esquecem o poder das palavras, amaldiçoam a vida, sem se darem conta da gravidade do pecado contra o próprio ser e contra o Espírito Santo.

"Minha vida não presta!", jamais pronunciemos isso. Deus nos presenteou com esse privilégio sagrado, fomos escolhidos a dedo para sermos herdeiros de seu amor. A eternidade nos espera, e Deus espera que já vivamos a harmonia aqui mesmo, em nosso lar, em nosso trabalho, no convívio social. Para isso, necessitamos priorizar o respeito, a compaixão e a compreensão quando dialogamos, nunca deixar que o egocentrismo nos impeça de enxergar o quanto podemos ser luzes na vida do outro, jamais sermos enunciadores de críticas maliciosas, de lamentações e de agressividade.

Há pessoas que aprenderam isso muito bem. Quando elas chegam, parece que uma fonte luminosa transborda seu ser ao transmitir paz e alegria pelas palavras. Na realidade, essas pessoas conduzem o amor de Jesus Cristo, sabem fazer a diferença na vida do semelhante onde quer que estejam. Vigiam seu falar, procuram não cometer o pecado da mentira e da fofoca, abençoam e não amaldiçoam.

Creio que a partir de hoje também seremos luzeiros da paz de Cristo. Teremos cautela quando formos nos dirigir ao irmão. Vamos iluminar a vida de todos, abandonar de vez os maldizeres, crer que toda adversidade pode ser transformada pela graça do Senhor em aprendizado para uma vida santa.

Lembre-se: em uma conversa saudável e respeitosa, talvez você não tenha a palavra final, contudo você tem a palavra da bênção. Comece a abençoar sua vida para depois abençoar a vida do irmão. O que o Altíssimo mais almeja é que você seja abençoador(a), promotor(a) da paz. Que Deus o abençoe e o guarde! E seja a bênção que o outro tanto procura. Amém!

22

"Toda guerra deixa o mundo pior do que o encontrou. A guerra é um fracasso da política e da humanidade, uma rendição vergonhosa, uma derrota perante as forças do mal."

As cicatrizes deixadas pela guerra são terríveis, quantas vidas se perdem, quantas histórias são interrompidas, revelam o fracasso humano em manter relações prósperas na política e no convívio social. Revoltamo-nos contra tantas mortes de inocentes, enquanto os poderosos se esquivam de guerrear...

Permita-me comunicar com seu coração: jamais chegaremos à paz sem fazer guerra contra aquilo que consome nossa paz. Desse modo, precisamos "ir à guerra", não refiro a combatermos uns contra outros, não se trata de guerra de filhos de Deus contra filhos de Deus, e sim devemos combater o maligno, destruir a obra de satanás.

Quando o mal consegue que os homens façam guerra, ele se rejubila pelo ódio entre as nações, porque não necessita mais trabalhar para desunir a humanidade. Com pesar, podemos observar como, de fato, certas pessoas são dependentes desse hábito de levar a destruição.

Papa Francisco declara que, muitas vezes, "nosso modo de agir em família, no bairro, no local de trabalho é uma maneira de agir em uma guerra: destruir o outro, sujar o outro. E isso não é amor, essa não é a paz segura que pedimos. Quando fazemos isso, não existe Espírito Santo. E isso acontece com cada um de nós, cada um. Imediatamente, vem a reação de condenar o outro. Seja um leigo, uma leiga, um sacerdote, uma religiosa, um bispo, um Papa, todos, todos. É a tentação do diabo para fazer a guerra".

Eu e você somos chamados à mudança de vida, viver em comunhão em nosso meio para espalharmos a paz até onde ainda imperam a morte, o ódio e a guerra. Para esse combate contra o mal, precisamos da "espada" do Espírito Santo, pedir em nossas orações que os corações petrificados sejam restaurados e voltem a pulsar o perdão e a fraternidade.

Meu irmão e minha irmã, o Senhor nos revela hoje em nossos corações que jamais ficaremos em paz com o maligno atuando entre nós. Não importa se a guerra acontece em outro país, em outro continente, necessitamos clamar a Deus que derrame sobre os poderosos e insensatos os dons de seu Espírito Santo e que tenhamos a fé de vencermos as sementes do mal.

Conto com você! Não tema fazer guerra contra satanás, porque o único medo que precisamos ter é o de deixar as forças malignas prevalecerem entre nós. Peça toda a força necessária para fortalecer seu ser, e, com o terço na mão, combateremos toda espécie de maldade! Amém.

23

"Brilhamos cada um de nós como uma estrela no coração de Deus, mas somos chamados a compor constelações que orientem o caminho da humanidade."

Já imaginou o quanto você é especial para Deus? Sim, Ele tem uma missão somente para você e deseja que seja muito feliz, que brilhe como uma estrela em sua vocação.

Bem-aventurados os que exercem com total amor sua missão aqui na terra, porque um lugar maravilhoso os espera nos Céus. Tudo realizado com dedicação tem mais valor, além de atrair os outros para caminharem conosco na estrada de Cristo.

Seja qual for seu trabalho, sua vocação, sinta-se chamado por Deus, Ele deseja que produza frutos bons e que esteja a serviço do outro. Na alegria de servir, você terá a chance de reerguer o irmão desanimado, convocá-lo para o exército do Senhor, que luta por um mundo mais justo e fraterno.

Talvez, em sua casa, apenas você esteja seguindo o chamado de Cristo, porém jamais se sinta triste e sozinho, assuma com mais intensidade sua vocação, pois você é forte, é um(a) vencedor(a) – já somos vencedores por sermos filhos de Deus – e seu "sim" ao projeto do Pai vai despertar nos seus, no momento certo, o chamado para o qual eles também foram designados a trabalhar para o Reino dos Céus.

Lembre-se sempre, querido(a) amigo(a), sua missão é única, insubstituível para Deus. Ainda que muitos deixem de seguir a Cristo, sei que você jamais vai deixar de segui-lo.

No manso e humilde coração de Jesus, faça sua morada. E, juntos, você e eu seremos a luz na vida dos irmãos, verdadeira constelação a irradiar o Amor de Deus! Seja muito abençoado em sua missão! Assim seja. Amém!

24

"Diante de nossa fragilidade, o Senhor não se retrai. Ele não permanece em sua eternidade abençoada e em sua luz infinita, mas se aproxima, faz-se carne, desce às trevas. Esta é a obra de Deus: vir no meio de nós."

Como se torna difícil para o coração orgulhoso reconhecer suas fragilidades! Ainda mais proferir "Senhor, eu não sou digno(a) de que entreis em minha morada, mas dizei uma palavra e serei salvo(a)!"

Pelos caminhos da vida, encontramos muitas pessoas autossuficientes, capazes de renunciar o amor de Deus, porque não acreditam que existe o Altíssimo, aquele que reina para sempre.

Vou pedir-lhe que pegue sua Bíblia e leia o Evangelho de Mateus, capítulo 8, versículo de 5 a 13. Nessa passagem, encontraremos o personagem do oficial romano, que causa grande surpresa em Jesus por tamanha humildade.

Ainda que possua todo recurso financeiro, o centurião reconhece a verdade: sem Deus nada somos, nada podemos, nada tem valor. Ele soube reconhecer sua fragilidade diante da majestade de Jesus, não teve vergonha de humilhar-se para implorar pela vida de seu empregado, que estava doente. Em resposta a sua atitude louvável, o Mestre afirma: "Na verdade, eu vos digo que em Israel não encontrei em ninguém uma fé tão grande assim" *(Mt 8,10)*.

Tal qual esse homem, precisamos reconhecer nossos pecados, se quisermos sentir o poder libertador do Senhor. São raras as pessoas que têm a capacidade de aceitar sua fragilidade, admitir seus limites. Quando agimos movidos pelo orgulho, pela autossuficiência, por considerarmos santos e superiores, Deus não pode fazer muito por nós, pois a soberba é obstáculo para que o Pai entre em nossa morada e realize a obra em nossa alma.

Convictos de nossa fragilidade diante da grandeza do Todo-Poderoso, rezemos: "Senhor, eu reconheço que não sou digno(a) de vosso amor, contudo tenho confiança e certeza de que basta apenas uma palavra vossa para que minha vida seja transformada.

Vossa Palavra salva-me de qualquer situação pecaminosa e opressiva na qual estou vivendo. Ó Jesus, bem sei que vós não ireis realizar maravilhas em meu ser por causa de minha dignidade – porque sou indigno demais –, porém, por vossa misericórdia infinita, vinde em meu auxílio para me amparar na fraqueza e no desânimo.

Hoje, meu Deus, declaro diante de vós o quão sou pequeno(a) e indefeso(a). Imploro vosso auxílio nos momentos de angústia, quando me encontro atribulado(a). Confiante em vosso poder, agradeço-vos eternamente estar comigo. Embora não seja digno(a), somente uma palavra vossa seja necessária e todas as coisas podeis transfigurar. Amém!"

25

"A pressa de querer tudo e imediatamente não vem de Deus. Se nos afadigarmos pelo imediatamente, esqueceremos o que permanece para sempre: seguimos as nuvens que passam e perdemos de vista o céu."

As relações humanas foram muito afetadas pelo imediatismo. Com o advento da era globalizada, em que tudo está "conectado", o indivíduo aflige-se, porque suas vontades e soluções têm de ser para já; ignora-se, por vezes, o passado por não poder mais ser alterado e se desinteressa pelo planejamento a longo prazo, sendo despreocupado com as decisões tomadas no presente. Com isso, o imediatismo passou a ser considerado uma espécie de fechamento para as lições do passado e certo desprezo com o futuro.

Essa postura inquietante conduziu a pessoa a ser apática pela percepção equivocada de que tudo tem de ser para agora: "Meus problemas são primordiais, os seus podem ficar para depois!"

Segundo certos âmbitos da psicologia, a principal consequência do imediatismo é o afastamento: quanto mais o indivíduo está compenetrado nessa cultura, menos capaz ele será de estabelecer relações saudáveis com outras pessoas; além disso, sentirá dificuldades de lidar com frustrações, predisposto à ansiedade e depressão.

Jesus nos concede o antídoto para essa pressa desvairadora, propondo a cada um a vivência da perseverança. Isso mesmo, avançar dia a dia, com o olhar fixo naquilo que acalma e eterniza: o amor a Deus e ao próximo. Podemos nos enganar e desviar de Cristo na procura do imediato, mas com fé seremos libertos da "tentação do eu", abandonando o egocentrismo e sendo cristãos a serviço do outro: "Também é problema meu se o irmão sofre e ninguém o ajuda".

Quando encontramos a paz pela caridade, saindo do próprio eu em direção ao outro, caminhamos com o Cristo, passamos a enxergar, além das nuvens passageiras, que existe um lindo céu! Doando-nos verdadeiramente ao irmão, faremos o bem sem necessitarmos ser considerados virtuosos, dedicaremos nosso tempo ao outro sem receber nada em troca.

Enfim, trabalhemos nosso "eu" para evitar o imediatismo tão prejudicial às relações pessoais. Abracemos mais, amemos mais, ajudemos mais... E terminamos com um trecho da música de padre Zezinho que resume nossa reflexão: "Cada coisa tem seu tempo neste mundo, seu momento e sua hora. Tem as coisas de amanhã, tem as de ontem e outras coisas têm de ser tempo de agora". Reflita!

26

"A caridade alegra-se ao ver o outro crescer; e de igual modo sofre quando o encontra na angústia: sozinho, doente, sem abrigo, desprezado, necessitado. A caridade é o impulso do coração que nos faz sair de nós mesmos, gerando a partilha e a comunhão."

Sem dúvida, a base da caridade é a compaixão para com nossos irmãos. Essa prática de amor exprime a fraternidade espiritual, leva a sentir-se incomodado com as mazelas do injusto sistema capitalista, o qual estimula o ter sempre mais e deixa a partilha no esquecimento.

Como somos contagiados ao nos dispor a viver uma troca de experiências com os mais necessitados, abraçamos a causa dos mais pobres e por eles somos amados, sentimos a ação do Espírito Santo no meio de nós! Quando tornamos este mundo um lugar mais humano, reina em nossa alma a serenidade, evoluímos como pessoas, nossa vida passa a ser mais iluminada e plena, por nos doarmos sem reservas.

Se pararmos um instante, poderemos entender que a caridade é total doação, não necessariamente material. Podemos não estar em condições financeiras de ajudar o outro, porém saber escutar, dar atenção, ter respeito e cuidado com o próximo são formas de praticar a caridade. Se cultivarmos esse sentimento maravilhoso como base para nosso viver, essa virtude nos moldará e seremos mais felizes com Cristo, presente no irmão sofredor.

Se sentirmos dificuldades de ser instrumentos do amor, miremos nosso olhar nos mais pobres. Sim, basta observarmos os empobrecidos, pois, geralmente, são os que mais sabem repartir o que possuem, repartem o que quase nada têm com aqueles que não têm realmente nada.

Talvez, hoje a compaixão palpite em nosso coração, assim indagaremos: "Senhor, como posso ser caridoso(a) com meus irmãos?" Eis 10 sugestões para colocarmos em prática nossa caridade, em favor dos necessitados de cuidado e atenção:

1ª) Ligar para alguém que passa por um momento pesaroso e difícil;

2ª) Auxiliar na arrecadação, preparação e distribuição de alimentos aos pobres;

3ª) Fazer compras para aqueles que não podem sair de casa;

4ª) Ser gentil no dia a dia, com um simples "bom-dia" e um sorriso cativante;

5ª) Não compactuar com preconceitos, disseminação do ódio e fofocas, principalmente em nossas comunidades;

6ª) Visitar doentes, idosos no asilo e encarcerados;

7ª) Dar um abraço e saber ouvir quem sofre pela perda de um ente querido;

8ª) Arrecadar roupas e agasalhos na comunidade, especialmente no inverno;

9ª) Ajudar desempregados na confecção e distribuição de currículos;

10ª) Exercer o voluntariado no ensino de matérias básicas para pessoas com dificuldades no aprendizado.

Essas são atitudes simples, mas valorosas aos olhos de Deus e preciosas para quem sofre, sente a necessidade de ser amparado e amado.

Querido(a) irmão(ã), hoje a caridade fala mais alto dentro de nós, sentimos a coragem de sair ao encontro dos necessitados, sem medo de ter um coração desprendido. Por isso vivamos com intensidade a doação sincera; compartilhar o bem e o amor deve ser a chama a sempre arder dentro de nossa alma. Juntos podemos transformar muitas lágrimas em sorrisos de gratidão. Assim seja. Amém!

27

"Pedimos tantas coisas ao Senhor, mas, muitas vezes, esquecemo-nos de lhe pedir o que é mais importante e que Ele nos deseja dar: o Espírito Santo, a força para amar. Com efeito, sem amor, o que é que havemos de oferecer ao mundo?"

"Se eu falo as línguas dos homens e dos anjos, mas não tenho amor, sou como o bronze que soa ou o címbalo que retine. Se eu tenho o dom da profecia e conheço todos os mistérios e toda a ciência, se eu tenho toda a fé, a ponto de transportar montanhas, mas não tenho amor, nada sou" *(1Cor 13,1-2)*.

Em resposta ao questionamento do Papa Francisco, sem amor, nada podemos oferecer ao mundo, todas as ações tornam-se sem valor, perante nosso Pai Amantíssimo. Deus é Amor, sem amor estamos sem Deus...

Realmente, quantas são nossas preces aos Céus, quantas súplicas dirigimos ao Pai, e nos esquecemos de pedir ao Espírito Santo a graça do amor! O amor que transcende o carnal vai muito além, pois penetra a alma do irmão sofredor, que nada tem para nos retribuir; praticamos o bem, porque o amamos, queremos vê-lo feliz.

Talvez eu e você falhamos ao nos esquecermos de pedir esse divino amor em nossas orações; agora é o momento oportuno! Sim, hoje abrimos nosso coração à luz do Paráclito, que derramará os sete dons para purificar nossa alma e conceder-nos o amor. Queremos ser instrumentos da caridade para podermos alcançar a mais profunda expressão da fé e da esperança.

Ó Senhor, precisamos ser mais amigos e unidos a vosso Santo Espírito. O mundo necessita que sejamos mais bondosos, mais gentis; precisamos perdoar mais e julgar menos. Purificai nossos sentimentos, transformai nosso coração para agirmos de acordo com o que afirmamos acreditar e sentir. Assim seja, eternamente! Amém.

28

"Hoje, é o dia de nos perguntarmos: 'Eu, que tantas vezes recebi o perdão de Deus, sua misericórdia, sou misericordioso com os outros?' Não vivamos uma fé a meias, que recebe, mas não dá. Obtivemos misericórdia, tornemo-nos misericordiosos."

No convívio diário, percebemos que, cada vez mais, se confirma na prática a expressão "cada um por si". Essa postura gera infelicidade, torna o indivíduo insensível e egoísta pelo pecado que o devasta. Com frequência, notamos a ausência do amor e da misericórdia no trabalho, no trânsito, nos estádios, na internet, enfim, até mesmo dentro de nossas famílias.

No Livro Sagrado, encontramos o princípio básico para a vida cristã, que deve ser compreendido por todos aqueles que buscam a felicidade e salvação: "Felizes os misericordiosos, porque conseguirão misericórdia" *(Mt 5,7)*.

Mas, enfim, o que é a misericórdia? Essa palavra, formada pela junção das palavras "miséria e coração", significa o compadecimento com o sofredor, compaixão e piedade pela mazela alheia. Desse modo, é fácil entender o que Deus espera de nós, contudo custoso é executar tal missão. Sim, nossa fraqueza humana nos fecha o coração; as adversidades, o cansaço e o individualismo nos motivam a ignorar o sofrimento do irmão.

Jesus Cristo revelou ao homem a misericórdia divina, ensinou a seus discípulos o caminho da felicidade eterna: com amor e com zelo ao próximo, no auxílio às necessidades físicas e espirituais, conseguiremos experimentar a misericórdia do Pai. Essa exigência pertence à natureza do Evangelho, por meio do maior mandamento: "Amai-vos uns aos outros como eu vos amei" *(Jo 13,34)*.

Por isso, se de fato cremos na Palavra de Salvação, devemos ouvir o chamado do Senhor, pois Ele nos amou e se compadeceu para nos resgatar do pecado, escolheu-nos a dedo para sermos filhos muito amados. Nada mais justo – e também nosso dever – retribuir esse infinito amor no ambiente familiar, em comunidade, onde quer que estejamos. Afinal, temos de nos revestir da prática do amor, do perdão e da humildade, para que sejamos testemunhas da misericórdia de Deus Pai. Amém!

29

"Quantas vezes deixamos o Senhor em um canto, no fundo do barco da vida, para despertá-lo apenas no momento da necessidade! Peçamos hoje a graça de uma fé que não se cansa de buscar o Senhor, de bater na porta de seu Coração."

Jesus, eu creio em vosso poder e desejo sempre crer em vossa misericórdia. Fazei, Senhor, que minha fé seja autêntica, penetrante em meus pensamentos para que eu possa saber julgar as coisas humanas e as divinas com sabedoria.

Senhor, fazei que minha fé seja igual a luz que me acalma, firme e pacificadora, forte como a rocha, para que eu nunca desespere diante das adversidades que aparecer em minha vida. Que minha fé seja sólida para nunca desanimar perante os homens que me afrontam e me atacam, rejeitam a vós e negam vosso amor. Que minha fé se torne mais vigorosa na intimidade com vossa ternura; renovai meu coração para desprezar preconceitos e calúnias contra meus irmãos.

Senhor Jesus, que minha fé seja contagiante, concedendo paz e alegria a meu espírito e a todos que me rodeiam. Que eu seja ungido com vosso Espírito Santo, pela oração e pela boa vivência em comunidade, conforme vós almejais.

Senhor, desejo, com fervor, que minha fé produza abundantes frutos, que eu trabalhe incansavelmente em favor da caridade. Mesmo nos sofrimentos, que minha fé sempre cresça convosco; que eu vos procure, espere-vos e vos testemunhe, até os últimos tempos.

Senhor, concedei a humildade a minha fé, que não seja arrogante, mas despretensiosa, fruto do Espírito e enraizada na obediência aos mandamentos da Santa Mãe Igreja. Assim desejo, assim espero. Em nome do Pai, do Filho e do Espírito Santo. Amém!

30

"'Jesus, tem piedade de mim!' Façamos nossa essa oração hoje. Repitamo-la. A Jesus, que tudo pode, é pedido tudo. Ele não vê a hora para derramar sua graça e sua alegria em nossos corações."

Diante de vossa presença majestosa, Senhor Jesus, venho prostrar-me. Por muito tempo procurei nas coisas supérfluas minha felicidade, e somente encontrei o vazio, que me consome dia após dia, minuto após minuto...

Sei de minha fragilidade, de como meus medos e minhas provações tiram minha calma! Mas, se a noite me atormenta, o amanhecer vem me reanimar, lembrando-me que sempre a luz vence a escuridão, que vós vencestes o maligno; estando convosco nenhum mal preciso temer.

Agora quero esvaziar meu coração para que vós, amigo Mestre, façais morada dentro dele. Bem sabeis o quanto ele está ferido pelas decepções, angústias e incertezas. Imploro: vinde restaurar meu pobre coração, concedei-me a graça da misericórdia. "Jesus, tende piedade de mim!"

Ó Senhor, que as garras do inimigo jamais me firam: "Jesus, salvai-me!" Que minhas tristezas sejam expulsas de minha alma: "Jesus, curai-me!" Que toda atitude e todo pensamento levianos e impuros afastem-se de meu ser: "Jesus, libertai-me!"

Ó meu Senhor, agradeço-vos sem cessar sua misericórdia, que se estende a toda criatura redimida. Eu nada seria se não tivesse vossa companhia, viveria vagando sem destino, sem a Paz, que vem de vosso Sagrado Coração.

Ainda, peço-vos perdão por meus delitos e por minhas imperfeições, contudo procurarei viver a conversão diária. Confio em vosso poder transformador e, com a proteção de Deus Pai e os dons do Espírito Santo, buscarei sempre mais ser digno(a) de vosso infinito amor. Assim seja!

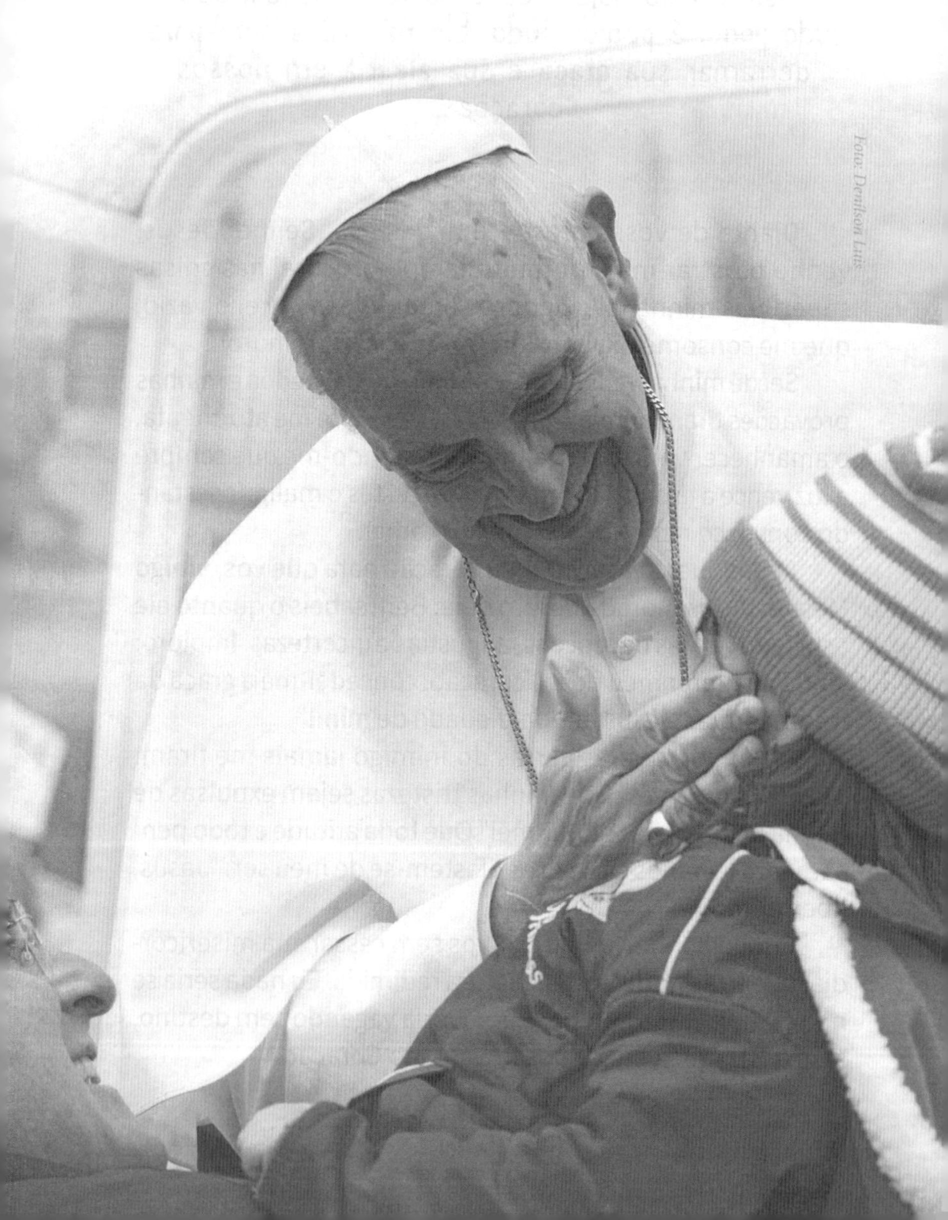

Foto: Denilson Luis

31

"A realidade pode mudar, o homem pode mudar. Procurem ser vocês os primeiros a praticar o bem, a não se acostumarem ao mal, mas a vencê-lo."

Nem tudo pode ser um "mar de rosas"; os desafios fazem parte de nossa longa jornada de mudança e de crescimento pessoal. Ainda que o mundo nos cause temores por seus desafios, nunca percamos a esperança que essa realidade possa mudar!

Quando olhamos pela janela da vida, observamos as pedras em nossa estrada. Quantas situações de violência, pobreza, corrupção presenciamos no cotidiano? Porém, muitas vezes, continuamos com os braços cruzados, sem nada fazer para reverter esse infortúnio.

A mudança começa dentro de mim e de você. Feche por alguns minutos seus olhos, questione seus pensamentos e as circunstâncias que lhe causam infelicidade. Já parou para pensar que a única pessoa que pode fazer a diferença em sua vida é você mesmo? Por isso acredite em seu potencial, relembre as vitórias alcançadas no decorrer dos anos. Você é o protagonista da mudança, tenha sempre a convicção: "Hoje, eu vou transformar minha vida, para amanhã eu poder transformar o mundo!"

Pode até parecer loucura, mas, se modificarmos nossas atitudes, começarmos a trabalhar a empatia, a compreensão e o diálogo, praticarmos a caridade, aos poucos, nossa alma terá novo sentido, renasceremos para uma vida com mais vigor. Cada coração renovado resultará em uma comunidade melhor, em uma cidade, em um país, em uma sociedade bem melhor.

Papa Francisco solicita jamais nos acostumarmos ao mal, contudo vencê-lo diariamente. É isso que vamos trabalhar em conjunto. Se cada um fizer sua parte, não pactuar com as sementes malignas, acabaremos com a erva daninha, que causa divisão e guerras, destruiremos barreiras e construiremos pontes de fraternidade.

"Aqui dentro de meu coração reina a Paz – Jesus Cristo – e com Ele todo mal posso vencer. Que eu seja instrumento salvífico para os abandonados à própria sorte, luz para reanimar sua fé e acreditar em um futuro melhor. Senhor, obrigado por ser minha direção nos momentos de desespero e desânimo. Convosco irei até o fim e servirei meu Senhor, meu Deus, eternamente. Amém!"

32

"Estamos certos de que, com as armas da oração, do jejum, da esmola e com o dom da graça, é possível mudar o coração dos homens e o destino do mundo inteiro."

A devastação da guerra na Ucrânia causa assombro àqueles que se colocam no lugar das famílias desoladas pelo ódio. Segundo o site do Unicef (Fundo das Nações Unidas para a Infância), em cem dias de conflito, cerca de 5,2 milhões de crianças e adolescentes passaram a necessitar de auxílio humanitário.

O mensageiro da Paz, nosso querido Francisco, clamou que oremos pelos povos ucraniano e russo, pela construção do diálogo e pelo repúdio à violência. Unidos ao Papa, rezemos juntos a oração recitada por ele, em 31 de maio de 2022, em súplica à Virgem Maria:

"*Ó Maria, Mãe de Deus e Rainha da Paz, (...) no fim do mês particularmente consagrado a vós, aqui estamos nós novamente diante vós, Rainha da Paz, para vos implorar: concedei-nos a grande dádiva da paz, cesse o quanto antes a guerra, que durante décadas se abate sobre várias partes do mundo e que agora também invadiu o continente europeu.*

Estamos conscientes de que a paz não pode ser apenas o resultado de negociações nem uma consequência apenas de acordos políticos, mas é acima de tudo um dom pascal do Espírito Santo.

Consagramos a vosso Imaculado Coração as nações em guerra e pedimos o grande dom da conversão dos corações. (...) Hoje, elevamos nosso coração para vós, Rainha da Paz:

intercedei por nós perante vosso Filho, reconciliai os corações repletos de violência e vingança, endireitai os pensamentos cegos pelo desejo de enriquecimento fácil, que a paz de vosso Filho reine sobre toda a terra".

Querido(a) irmão(ã), façamos dessa oração uma poderosa arma contra o império da morte e da destruição. Enquanto a paz não reinar nos quatro cantos do mundo, rezemos diante de Jesus essa prece bendita, peçamos ao Espírito Santo a luz sobre os governantes impetuosos, gananciosos pelo poder desmedido. Enquanto houver um(a) filho(a) de Deus esperançoso por dias melhores, ali se encontrará o Senhor a escutar seu clamor. Amém!

33

"A vida é o tempo das escolhas decisivas, eternas. Escolhas banais levam a uma vida banal; escolhas grandes tornam grande a vida. De fato, tornamo-nos aquilo que escolhemos, tanto no bem como no mal."

Nossa vida é feita de escolhas, por vezes, é difícil escolher o caminho a trilhar, porque o medo e a incerteza, com frequência, tumultuam nossos corações. São tantos os porquês e quantos sem resposta, não é mesmo?

Contudo, meu irmão e minha irmã, não fiquemos presos aos porquês, o tempo passa e a caminhada deve ser contínua em direção às coisas do alto. Agora é o momento oportuno da graça, a hora de sentir a essência da vida, nos pequenos detalhes que fazem toda a diferença. E, para que não vivamos de escolhas banais, procuremos encontrar no amor dispensado ao próximo as respostas vitais a nosso engrandecimento pessoal e espiritual.

Prometamos ao Senhor: não renunciaremos aos grandes sonhos! Jamais contentaremos com o objetivo superado, todavia, unidos em fraternidade, nós nos lançaremos para metas altas, com alegria e coragem de filhos de Deus, pois Ele nos predestinou a sempre sonharmos, a crermos na beleza da vida.

Não idealizemos coisas passageiras, projetemos grandes sonhos, tendo sempre a cautela de escolher o bem. Viver de escolhas banais nos conduzirá a sermos indivíduos banais. Como exemplo, o homem que opta por seguir o mau desejo de roubar torna-se ladrão; enquanto aquele que escolhe crescer na vida, com temor a Deus e respeito pelo irmão, acaba transformando-se em uma pessoa digna da misericórdia divina.

Sim, todos os dias, temos o desafio de saber escolher. Por isso procuremos conservar nosso interior em paz e em vigor, com repúdio às escolhas que conduzem aos maus desejos, permitindo que o Espírito Santo atue em nossos pensamentos para buscarmos o que nos faz bem, ainda que haja renúncia de determinados anseios.

Enfim, mire seu olhar para o rosto compassivo de Jesus. Peça a Cristo o discernimento e o ânimo para encontrar a felicidade, nas boas escolhas da vida. Caminhe na estrada do amor gratuito, que faz o bem sem nada esperar em troca. Seja grande por suas escolhas! Invista em seus sonhos, supere-se, e a graça vai acontecer em seu viver! Amém.

34

"É belo tornar-se rico, mas rico segundo Deus! Deus é o mais rico de todos. Ele é rico em compaixão, em misericórdia. Suas riquezas não empobrecem ninguém, não criam brigas nem divisões. É uma riqueza que sabe dar, distribuir, compartilhar."

Papa Francisco sugestiona a pensarmos sobre a cobiça em nossa vida. "Onde está meu desapego das posses, da riqueza? Reclamo do que me falta ou sei me contentar com o que tenho?", pergunta-nos o Mensageiro da Paz.

Há muitos que permanecem sempre descontentes com seus bens materiais, vivem a ganância desenfreada, sem limites. Esse apego a posses destrói as pessoas, porque aquilo que serviria para proporcionar conforto e bem-estar ao indivíduo acaba tornando-se um vício: o dinheiro era para servi-lo, contudo foi escravizado pelo dinheiro.

Além disso, Francisco nos adverte sobre o perigo da ganância para a sociedade, como exemplo, pede a cada cristão refletir sobre o comércio de armas, que estimula as guerras. Ao colocarmos os contrapesos do dinheiro e da vida na balança, o que pesa mais? O que tem mais valor para nós?

Inúmeras vezes, o apego ao dinheiro sacrifica relacionamentos, restringe o tempo com a família e amigos, além de levar o homem a abandonar sua honestidade em nome da ganância. Para estes a herança que ambicionam deixar é dinheiro no banco e posses, e as boas ações ficam despercebidas.

Que sejamos ricos conforme a vontade divina, utilizando com sabedoria os bens materiais recebidos de Deus, construindo pontes de solidariedade e partilha. E façamos do conselho de nosso Papa Francisco uma bússola para seguirmos livres do vício da cobiça opressora: "Irmãos e irmãs, não basta acumular bens materiais para viver bem, pois Jesus diz também que a vida não consiste no que se possui. Depende, em vez disso, de bons relacionamentos com Deus, com os outros e até com aqueles que têm menos". Assim seja. Amém!

35

"A nós é pedido isto: ser, entre as ruínas cotidianas do mundo, construtores incansáveis de esperança; ser luz enquanto o sol se obscurece; ser testemunhas de compaixão enquanto ao redor reina a distração; ser presenças atentas na indiferença generalizada."

Eis nossa missão de cristão: sermos promotores da esperança para o mundo, especialmente, para a vida dos pobres e excluídos da sociedade, pede-nos Francisco. Esse dever cabe a todos; enquanto seguidores de Cristo, temos de colocar em prática a ajuda ao próximo, compromisso de quem ama realmente a Deus e os irmãos.

Muitos se dizem dispostos a se doar aos mais necessitados, contudo não conseguem superar seu desprendimento ao materialismo nem deixar de pensar somente nos próprios problemas. Somente é possível florescer a esperança de dias melhores para os mais pobres plantando a ternura. Sentir a dor alheia e privar-se por algum tempo de determinadas coisas (festas, roupas, comida, bebida) provoca nosso despertar para ajudar os sofredores.

Enquanto esperamos que as ações sociopolíticas partam de nossos governantes, muito pouco é feito para amenizar as mazelas de nosso povo. Se amamos realmente a Cristo, Ele espera nossa conversão, pessoas que partilham o pão, trabalham em favor da justiça, abraçam os pobres e devolvem-lhes a dignidade.

Ergamos a bandeira da ternura, estejamos preparados para alimentar a esperança de um novo amanhã, cuidando das dores deste dia. Jamais será atitude cristã esperar passivamente por melhores condições sociais, contudo é nossa obrigação de fiéis seguidores de Cristo tornar concreta a caridade, não apenas hoje, mas todos os dias de nossa vida. Amém!

Foto: Jefferson Martins

36

"Para tornar grande a vida, precisamos de amor e heroísmo. Olhemos para Jesus, contemplemos o Crucifixo: um amor sem limites e a coragem de dar a vida até o fim, sem meias medidas."

Quando a ausência do amor habita meu coração, quando a força do perdão precisa ser renovada, volvo meu olhar para a Sagrada Cruz de Cristo, por Ele fui amado e perdoado.

O silêncio de Jesus, diante das dores atrozes e da impetuosidade humana, jamais se resumiria em fracasso e abandono, contudo, em seu silêncio, encontrou-se a plenitude do amor e da salvação. Que coragem deste Homem em dar a Vida por mim e pela humanidade! Como há quem ignore essa entrega total, ser ingrato diante de tamanho sacrifício?

Sei que sou incapaz de compreender os sacrilégios contra vosso Santíssimo Coração, entretanto venho louvar-vos eternamente, porque sois minha Luz. Ó Senhor, não há o que temer, se meus pensamentos estão voltados a vossa misericórdia; vossa estrada mantém meus passos firmes, a caminho do Deus Pai.

Que minha esperança seja reavivada quando contemplar vossa face de amor, que a paz esteja presente em minha casa e que eu deposite em vós toda a confiança. Ajudai-me, ó Jesus, a ser obediente à missão que o Todo-Poderoso me confiou, quero ser seduzido por vosso grandioso amor, para alcançar, um dia, a salvação prometida. Assim seja. Amém!

37

"Cada etapa da vida é um tempo para acreditar, esperar e amar."

É tempo de se reconstruir, buscar viver intensamente com Cristo. Olhar para o esplendor do nascer do sol e sentir a presença divina entre nós. Cada um carrega dentro de si uma história, às vezes, cheia de frustrações e insegurança, porém eis o tempo de mudança!

Hoje, Senhor, quero cultivar minha autoestima, aceitar meus erros passados como degraus para encontrar o sentido real do existir. Vivi tanto tempo culpando os outros por meus fracassos, entretanto o culpado maior era eu mesmo(a), por desencorajar-me diante das intempéries.

Contudo chegou o oportuno momento de depositar minha vida em suas mãos, meu Jesus; quero me fortalecer e impulsionar meus projetos, esquecidos no papel. Colocar em prática tudo que tanto desejei para mim e minha família.

Acreditar... que ainda existem pessoas desejosas de minha felicidade, que o otimismo seja primordial para obter o sucesso pessoal e profissional e que nunca devo me entregar ao negativismo e desespero, pois tenho o Senhor ao meu lado.

Esperar... saber esperar o que Deus reservou para mim. Andei tanto tempo procurando coisas que jamais trouxeram-me paz e crescimento, apenas atraso e desamores. Ainda que possa demorar a alcançar meus sonhos, batalharei por meus ideais, porque Ele mesmo me diz: "Os que esperam no Senhor renovam suas forças, criam asas como águias, correm sem cansar, caminham sem se fatigar" *(Is 40,31)*.

Amar... sim, doar minha vida pelos irmãos. Meu sucesso só terá sentido se for desfrutado entre os necessitados de amor e atenção. Bem sei que minha felicidade estará completa, quando abrir meu coração ao outro, sentir o chamado de Deus, o qual me conduzirá até os Céus.

Sim, cada momento de minha vida é tempo de acreditar, esperar e amar, e Ele sempre acreditou em meus sonhos, esperou-me e me amou por primeiro, por isso sou eternamente feliz, meu Senhor e meu Deus!

38

"A existência do homem é um sopro, sua história é fugaz, mas quem reza sabe que é precioso aos olhos de Deus."

Hoje, em meu quarto, comecei a rezar e a refletir: a vida é uma estação, um sopro quase imperceptível; as horas voam, os meses passam e, logo, o ano termina. E a única certeza que permanece é a de que só levamos deste mundo o amor doado e recebido. Por vezes, o homem olha para trás, pesaroso, ao perceber o quanto era pobre por acreditar que sua riqueza estava em seus bens materiais. Triste engano!

Sua fortuna sempre esteve no afeto, nas alegrias e em seus sonhos compartilhados. A verdade esteve a seu alcance. No Livro Sagrado, o homem a encontrou: "Acaso uma mulher esquece seu bebê e deixa de comover-se pelo fruto de seu seio? Mesmo se as mulheres esquecessem, eu, porém, jamais te esquecerei" *(Is 49,15)*.

Certamente, nunca Deus deixou de lado um filho seu, porque cada pessoa é preciosíssima a seus olhos. "Vede com que amor o Pai nos amou: somos chamados filhos de Deus, e o somos de fato!" *(1Jo 3,1)*. Somos infinitamente amados pelo Senhor, mesmo que vacilemos em inúmeros momentos. Como não rejubilar por tamanha graça! Estávamos perdidos no pecado, mas, pela entrega de seu Filho na cruz, fomos recuperados para sempre das trevas e, agora, vivemos na Luz.

E haverá alguém capaz de questionar nossa vitória sobre o império do mal? "Em tudo isso somos mais que vencedores por meio daquele que nos amou. Tenho certeza, de fato, de que nem a morte, nem a vida, nem os anjos, nem os principados, nem o presente, nem o futuro, nem os poderes, nem a altura, nem a profundeza, nem outra criatura qualquer poderá nos separar do amor de Deus, que está em Cristo Jesus, nosso Senhor" *(Rm 8,37-39)*.

Enfim, hoje em meu quarto, terminei de rezar e refleti: sou joia rara do Senhor, com Ele tudo posso, porque meu Deus muito me ama e fez de mim um(a) eterno(a) vencedor(a). Amém!

39

"O Espírito Santo escreve a história da Igreja e do mundo. Somos páginas abertas, disponíveis para receber sua caligrafia. E em cada um de nós o Espírito compõe obras originais, porque nunca há um cristão inteiramente idêntico a outro."

O Espírito Santo pode fazer muitas maravilhas em nosso ser, basta que aceitemos sua ação transformadora para sentirmos sua obra. À medida que trilhamos o caminho da fé, começamos a perceber a graça em nossa vida, constituída por seus dons e carismas.

Sim, meu irmão e minha irmã, necessitamos estar em sintonia com o Espírito Santo, invocá-lo com constância, para que atuemos em sua obra, pelas boas atitudes e pelos bons pensamentos. Por mais que seja totalmente discreta, a ação do Paráclito é poderosa, afasta-nos da mentira, impulsiona-nos à caridade, além de nos dar força e alento, nos momentos mais difíceis da vida.

Nosso Papa, o Mensageiro da Paz, ensina-nos que, "sem o Espírito, não há relação com Cristo e com o Pai, porque o Espírito abre nosso coração à presença de Deus". Por isso devemos estar atentos a pedir diariamente ao Senhor que envie seu Espírito sobre nós.

Durante a celebração da Festa de Pentecostes, em 21 de maio de 2020, Papa Francisco, na presença de aproximadamente cinquenta fiéis, devido às restrições impostas pela pandemia do coronavírus, recomendou que nós rezássemos uma oração particular, para que o Espírito Santo infundisse em nossas almas a recordação do quanto somos especiais pelos dons recebidos de Deus. Unidos ao Pai, em um só coração, rezemos:

"Espírito Santo, memória de Deus, reavivai em nós a lembrança do dom recebido. Libertai-nos das paralisias do egoísmo e acendei em nós o desejo de servir, de fazer bem. Porque pior do que esta crise, só o drama de a desperdiçar fechando-nos em nós mesmos. Vinde, Espírito Santo! Vós, que sois harmonia, tornai-nos construtores de unidade; vós, que sempre vos doais, dai-nos a coragem de sair de nós mesmos, de nos amar e ajudar, para nos tornarmos uma única família. Amém".

40

"Coloca Deus antes de teu eu. Só nos esvaziando de nós mesmos, deixamos espaço ao Senhor; só nos entregando a Ele, encontramos a nós mesmos; só como pobres em espírito, é que nos tornamos ricos de Espírito Santo. Coloquemos Deus em primeiro lugar!"

Coloque Deus no início, e Ele cuidará de sua jornada até o fim. Agora, lendo essa reflexão, proponha-se a meditar se você tem dado o primeiro lugar ao Pai em sua vida. No desafeto familiar, onde Ele estava? Na pressão dentro do trabalho, onde Ele se encontrava? E nos momentos mais felizes, o lugar principal você reservou ao Senhor?

Sim, nos momentos de tribulação e também naquelas horas de alegria e paz, ali deve estar Deus: a nossa frente e dentro de nosso coração. Há quem diga: "Permito que o Senhor ocupe o espaço principal dentro de minha vida!", contudo não consente que o perdão ao irmão adentre sua alma, não tolera o erro do outro contra si e o rebate com agressividade verbal ou física. Será que essa pessoa está sendo íntegra, por dizer que coloca Deus à frente de sua vida, sendo que seus pensamentos e suas atitudes vão contra o mandamento do amor de Cristo?

Examinemos nossa consciência, deixemos a autossuficiência de lado e peçamos ao Senhor que envie seu Espírito Santificador para operar maravilhas dentro de nossa alma. Sim, erramos, esquecemos Deus muitas vezes, ignoramos a presença de Jesus quando negamos ajuda ao sofredor, entretanto eis nosso clamor: restaurai nosso ser, Espírito

Santo! Derramai sobre nós seus sete dons para convertermos nosso coração de pedra!

Arrancai, Senhor, o orgulho e a vaidade, que nos fazem menosprezar nossos irmãos; acalmai nossa alma angustiada pela calúnia e pelo rancor de quem não quer nosso bem; tocai nosso coração ferido com seu preciosíssimo Sangue, para sermos libertos de nossos pecados!

Obrigado, Deus, por estar conosco em todas as horas! Agora compreendemos que não precisamos nos preocupar com o amanhã nem com os inimigos ao nosso redor, porque, quando fazemos de nosso coração um templo vivo de vosso Espírito Santo, vós concedeis a vitória suprema sobre qualquer armadilha do maligno. Assim seja para sempre! Amém!

41

"Todos temos ouvidos, mas, muitas vezes, não conseguimos ouvir. Existe, de fato, uma surdez interior, pior do que a física: a surdez do coração. Que possamos pedir a Jesus tocar e curar."

A capacidade do homem de ouvir Deus, com o passar dos séculos, tem sofrido crescentes desafios. Fala-se de Deus e das coisas do Céu, contudo muitos vivem a perda da "audição espiritual", optam por escutar os barulhos do mundo e deixam, em segundo plano, a voz do Senhor falar a seus corações.

Por exemplo, frequentemente, o indivíduo é guiado facilmente pelas redes sociais, a ponto de se desviar de seus princípios. Esquece-se de ouvir a voz de Deus, que transmite harmonia, amor e paz entre os homens, e uma enxurrada de ataques em postagens provoca a discórdia, o desafeto e a agressão.

Nunca foi tão difícil ouvir a Deus; escuta-se com facilidade as próprias vontades, porém a vontade do Pai passa despercebida aos olhares de muitos. A promiscuidade, a intolerância e a guerra estão entre os desafios que precisam ser vencidos para o homem recuperar sua integral comunicação com Deus.

A ansiedade e agitação cotidianas acarretam certa confusão; ouve-se uma voz aqui, outra ali, e já imaginamos ser o chamado de Deus. Aí se encontra o perigo eminente de machucar a si mesmo e ao próximo, praticando o mal como se estivesse a espalhar o bem.

A tão sonhada felicidade só é duradoura se enraizada na terra fértil do perdão, do respeito mútuo e da fraternidade. Ser feliz com a infelicidade de outros jamais vai culminar em verdadeiro sentimento de júbilo da alma, porque a felicidade está em Deus, e o coração que não procura ouvir a voz do Senhor não pode viver feliz.

Realmente, só existe o caminho para a felicidade ao coração humilde, que se coloca na presença do Pai para ouvir sua voz. Se algum dia você se questionar: "Onde devo buscar voz do Mestre?", eis a resposta: no silêncio da oração.

Busquemos ouvir a voz do Pai na serenidade da alma; estejamos em sintonia com o Cristo, se quisermos caminhar em direção a Deus. Abramos nosso coração para receber a graça do Espírito Santo para transformar a dúvida em certeza, o rancor em compaixão; enfim, que todo o mal seja exterminado de nossa alma.

"Escutai minha voz! Então eu serei vosso Deus e vós sereis meu povo; e caminhai sempre na estrada que eu vos prescrevo, para que sejais felizes" *(Jr 7,23)*. Assim seja. Amém!

42

"Todas as nossas dores são sagradas para Deus. Diante dele, não somos pessoas desconhecidas ou números. Somos rostos e corações, conhecidos um a um, por nome."

Senhor Jesus, diante de vossa presença, venho renovar minhas forças, apresentar minhas misérias, porque sou fraco(a) e pecador(a). Apesar de minhas faltas, sei que considerais apenas meus acertos; ainda que eu vacile, se meu coração se compadece, sei que tenho vosso perdão.

Ó Mestre, como senti medo em minha caminhada até aqui, pensei em desistir inúmeras vezes, pois o desespero invadiu meu coração, enquanto eu esqueci que estáveis ao meu lado. Perdão, meu Senhor, confesso que a incredulidade possa ter contribuído para meu vacilo; necessito aumentar minha fé, depositar sem reservas todos os meus projetos em vossas mãos acolhedoras.

Amado Jesus, unido a vosso Sagrado Coração, apresento minhas dores. Meus conflitos familiares apaziguai! Os traumas de minha infância curai! A exaustiva pressão em meu trabalho dizimai! Meu equilíbrio financeiro restabelecei! Enfim, meu Senhor, revigorai meu corpo e minha alma para continuar o propósito que confiastes a mim.

Bem sei, Senhor Jesus, amigo inseparável, que jamais somos tratados como desconhecidos diante de vosso olhar misericordioso, pois conheceis a cada filho e filha de Deus, chamando-os pelo nome recebido no santo batismo, e preocupais estar presente na vida de cada pessoa.

Agradeço tamanha consideração por esse(a) ingrato(a) filho(a), que esquece de louvar vosso Pai, todos os dias, pelo dom precioso da vida. Por isso eu vos dou infinitas graças por conceder-me a existência, por trazer-me a este mundo, dando-me a chance de aprender com meus erros a ser melhor.

Senhor, curai e libertai minha alma para eu alcançar a graça de perdoar aos que me ofenderam. Arrancai todo rancor, toda mágoa e todos os maus sentimentos, que cegam meu coração, e livrai-me da tentação do maligno. Amém!

43

"Lembremo-nos do perdão e da paz recebidos de Jesus. Coloquemos a memória do abraço e das carícias de Deus antes da lembrança de nossos erros e de nossas quedas. Assim alimentaremos a alegria. Porque nada pode ser como antes para quem experimenta a alegria de Deus!"

O sofrimento se faz necessário para entendermos o quanto somos pequeninos diante da majestade de Deus, entretanto sofrer pelos erros do passado, viver martirizando-se pelas falhas cometidas é pecar duas vezes e não nos leva a lugar algum.

O Mensageiro da Paz suscita-nos refletir sobre a misericórdia do Pai Amoroso, que nos abraça, conforta-nos e nos dá carinho. Para que viver focado em nossas transgressões, enquanto o Senhor espera nossa conversão? Antes de perdoar ao próximo, devemos perdoar a nós mesmos...

Em nossa fragilidade, encontraremos o esplendor da alegria ressurgir, basta aceitarmos que somos humanos e falhos, contudo convertidos à santidade. Sim, podemos ser santos de Deus! Muitos de nossos irmãos – hoje aclamados pela Igreja como bem-aventurados do Senhor – tiveram uma vida mundana e sem limites, porém encontraram na misericórdia do Pai a felicidade que tanto procuravam.

"Nada pode ser como antes para quem experimenta a alegria de Deus!", afirma-nos papa Francisco. Perdoe-se e permita-se seguir em frente, com o brilho no olhar de quem tem dentro de si o Espírito Santificador. Abrace mais a vida, seja presença fraterna na vida dos desanimados na fé, pratique a caridade e perceberá que o amor doado tornou você uma pessoa melhor. Acredite em sua mudança e lembre-se de sempre se valorizar!

44

"Maria não é apenas a ponte entre nós e Deus; é mais: é o caminho que Deus percorreu para chegar até nós e é o caminho que nós devemos percorrer para chegar até Ele."

Deus quis estar entre nós e, por Maria, Ele chegou a este mundo. Ensinou ao homem o grandioso mandamento do amor, cumpriu sua missão e voltou para a morada celeste. Hoje, percorremos a estrada da vida, procuramos viver seus preceitos, para um dia, guiados por Nossa Senhora, chegarmos até o Pai.

Que alegria podermos contar com uma Mãe medianeira, que está sempre a escuta de nosso clamor. Maria, embora também tenha cumprido seu chamado para ser templo vivo do Espírito Santo, ainda continua a serviço de Deus Pai. Preocupa-se sem cessar com nossas aflições, conduz ao Filho nossos pedidos, para que o milagre aconteça pela onipotência divina.

Neste momento, o que você carrega em seu íntimo para pedir à Mãe Amável? O que adoece sua alma? O que você necessita para sua vida e para sua família? Com certeza, são inúmeros os pedidos de intercessão, aos quais a Mãe de Jesus está atenta.

Lembre-se sempre do imensurável amor maternal de Maria. Ela estende sua mão para que seguremos forte, para compreendermos que mal nenhum é capaz de derrotar nossos sonhos, se caminharmos firmes com Ela ao encontro de Cristo, nosso redentor.

Os obstáculos estarão presentes constantemente em nosso caminhar, mas Nossa Senhora não nos deixa jamais desamparados. Seu olhar de ternura abraça a todos os filhos de Deus. Entreguemo-nos aos cuidados da Virgem Maria, peçamos a luz do Espírito Santo em todos os momentos, especialmente nas ocasiões de insegurança, em que o mal tenta nos enganar pela inveja, pelo orgulho, pela vaidade. Permitamo-nos ser preenchidos pelo fogo santificador do Paráclito, para que nosso coração seja restaurado pela misericórdia do Pai.

Maria, passa à frente e prepara meu caminhar; contigo sinto-me protegido e sigo com firmeza minha vocação. Resolve os problemas que sou incapaz de solucionar, porque tu tens capacidade para isso, com o poder de teu Filho Jesus. Extermina toda dificuldade, toda tristeza e todos os desamores, enfim, cuida de meu coração e da vida de todos os meus familiares. Obrigado, minha Mãe querida, pela providência incessante junto à Trindade Santa. Assim seja. Amém!

45

"Há necessidade de cristãos luminosos, que, com gestos e palavras de consolação, acendam luzes de esperança na escuridão; (...) que levem carícias às solidões do sofrimento e da pobreza."

Sua luz de cristão deve resplandecer pelo mundo, luz que vem de Deus e que somos convidados a transmitir aos irmãos sofridos e isolados na pobreza e no descaso social. Cada pessoa tem dons especiais, semeados no coração pela ação do Paráclito, e necessita deixar seu comodismo de lado, aproveitar suas virtudes para trabalhar pela messe do Senhor.

O cristão autêntico jamais deixa sua lâmpada debaixo do caixote, ele se encarrega de colocá-la no candelabro, para que outros sejam atraídos pela Luz – que é Jesus Cristo – e também se motivem a expandir essa luminosidade.

Como seria esplêndido se dedicássemos uma hora de nossa semana a visitar os doentes de nossa comunidade! Ou se organizássemos arrecadação de alimento e de roupa para os moradores de rua! Já pensou quantas maneiras podemos irradiar a luz da esperança e da paz na vida do próximo?

O convite do Senhor nos foi dado, o tempo passa e não podemos cruzar os braços, apenas a observar a injustiça, a fome, a violência e tantos outros males sociais; precisamos nos comover com o sofrimento alheio, Jesus nos espera nessa jornada do bem.

De mãos dadas, construamos a solidariedade, carregando dentro da alma a chama viva da compaixão, porque "assim deve brilhar vossa luz diante dos outros, para que vejam vossas boas obras e glorifiquem vosso Pai, que está nos céus" *(Mt 5,16)*. Amém!

46

"Na vida, não faltam momentos em que se tem a impressão de encontrar-se no deserto. E é precisamente aí que se faz presente o Senhor com palavras de proximidade, compaixão e ternura: 'Não temas, porque Eu estou contigo'."

Ninguém está livre de sentir-se sozinho, em algum momento da vida esse sentimento ruim habitou nossos pensamentos. Parecia, realmente, que estávamos em um deserto, sem poder contar com algum amigo, familiar ou conhecido.

Porém o Senhor estava sempre conosco. Nunca nos deixou abandonados, Ele nos acompanhou em todos os momentos de tristeza e angústia. Foram nossos olhos que permaneceram cegos, diante do desespero da solidão. O Mestre nos chamava, todavia não escutávamos seu chamado de amor, pela agonia da alma.

Toda vez em que se deparar com a solidão, não se deixe cegar pelo medo do abandono, porque Jesus se faz presença viva dentro de você. Ele deseja ardentemente sua paz de espírito e fala a seu coração: "Estou convosco todos os dias, até o fim do mundo!" *(Mt 28,20).*

Sinta o amor do Senhor dentro de você, quando a noite chegar e suas lágrimas caírem em sua face. Ele estará a secar seu pranto, porque Ele sabe de suas limitações, tem compaixão e quer libertar você dos desafetos e da depressão.

Se novamente a solidão tentar adentrar sua alma, tenha em mãos a Bíblia e peça ao Espírito Santo dirigir a você palavras de força para vencer essa barreira. Meu irmão e minha irmã, unidos em oração com o Papa Francisco, vamos vencer todo o mal opressor e proclamar com toda a fé esta oração:

"Meu Senhor, imploro vossa misericórdia para que minha alma nunca se perca pela solidão. Ao lembrar da preciosa vida que vós me destes, eu me pergunto: como eu posso esquecer vosso amor infindável por mim? Somente em vós eu tenho esperança, por isso eu dirijo-me a vossa presença onipotente, para pedir-vos que eu não continue nessa solidão. Que vossa luz irradie toda a paz em minha alma, que, a partir de agora, nada seja capaz de destruir a alegria de viver. Transformai, Senhor, meu coração solitário em fonte abundante de amor, para que minhas forças se renovem, enfraqueça todo pensamento negativo e derramai sobre meu coração seu preciosíssimo Sangue, para eu jamais esquecer vossa presença perpétua em minha vida. Amém!"

47

"Deus espera por nós, sem nunca se cansar. Quando nos afastamos, vem procurar-nos; quando caímos por terra, levanta-nos; quando regressamos a Ele, depois de vagar perdidos, espera-nos de braços abertos. Seu amor sempre nos infunde a coragem de recomeçar."

Essa mensagem do Papa Francisco nos conduz a refletir sobre o divino convite à virtude, à mudança de vida que Deus espera de mim e de você.

O amor incansável de Deus vem atrair-nos a seus braços, sim! Como erramos em nosso caminhar! Contudo Ele está sempre disposto a nos reerguer do chão; estávamos sujos pela poeira do pecado, agora Ele vem alvejar nossa alma.

Se desejamos fazer parte dos eleitos do Pai, necessitamos da mudança de comportamentos, sair da condição atual e vivenciar a conversão. Será por essa estrada que vamos deparar com grandes desafios. A tentação do maligno quer atrapalhar nossa intimidade com Deus, entretanto, ainda que possamos nos perder nesse caminhar, peçamos ao Senhor auxílio, e seu coração misericordioso nos socorrerá.

"A quem se arrepende Ele oferece o retorno, fortalece os que perderam a esperança dando-lhes a verdade como herança. Retorna ao Senhor e abandona teus pecados, reza diante dele e diminui tuas ofensas" *(Eclo 17,20-22).*

Querido(a) irmão(ã), vamos juntos caminhar ao encontro do Salvador, Ele nos concederá a cura interior para todas as paralisias do pecado. Sim, cada momento se faz oportuno para o recomeço, coragem!

Se o desânimo e o medo tentarem atormentar nossa alma, não desencorajemos de nossa missão, porque a força do Espírito Santo vive em nós! Busquemos a renovação espiritual, almejemos com sinceridade esse encontro com o Mestre Jesus, pois Ele jamais desiste de mim e de você e acredita sempre em nossa superação às trevas. Com Cristo, seremos novas criaturas! Amém.

48

"A liberdade é verdadeira na medida em que transforma a vida de uma pessoa e a direciona para o bem."

Deus concedeu-nos a liberdade, Ele jamais nos proíbe de fazermos nada, porém devemos entender que somos livres para as coisas do Céu, não para as coisas do mundo, porque somos filhos do Céu e não deste mundo.

Com nossos erros e nossas frustrações aprendemos a endireitar nossos passos; muitas vezes, pensamos ter encontrado a tal liberdade, todavia ali somente havia ilusão e depravação. A tentação nos enganou, estragou momentos especiais da vida, perdemo-nos na escuridão e fomos corrompidos.

À medida que permitimos ser transformados pela misericórdia do Pai, somos direcionados para o bem, conseguimos distinguir entre o certo e o errado, entre o divino e o profano. Ficamos blindados do sentimento da concupiscência, da corrupção, preservados de todos os males, para vivermos em paz com Deus e os irmãos.

Não viemos a este mundo para nos comportarmos como escravos, prisioneiros do alcoolismo, do tabagismo, da sexualidade depravada. O Senhor trouxe-nos à vida para buscarmos a liberdade santificadora, fazer boas escolhas durante a caminhada, para sermos escolhidos entre os merecedores da morada eterna.

Senhor, concedei-nos a virtude do discernimento para fazermos de nosso viver um tempo de boas escolhas, com repúdio ao projeto do mal. Queremos caminhar convosco, para alcançarmos a graça da libertação do pecado e da morte. Amém!

49

"Às vezes, para dar esperança, basta ser uma pessoa amável, que deixa de lado suas preocupações e urgências para prestar atenção, oferecer um sorriso, dizer uma palavra de estímulo, possibilitar um espaço de escuta, no meio de tanta indiferença."

Como é difícil para algumas pessoas encontrar um tempinho para dedicar-se ao irmão, visitá-lo para uma boa conversa, suavizar sua solidão com um sorriso amigável! Não se precisa de muito, tampouco de dinheiro, o essencial é saber doar-se como Jesus o fez...

Encontramos, em nossa comunidade, conhecidos isolados do convívio social. Muitas vezes, foram excluídos pela condição financeira ou, ainda, há quem tanto sofreu, que desacreditou da vida e preferiu fazer-se prisioneiro da solidão. Infelizmente, há inúmeras pessoas nessa lastimável situação, à espera de Cristo, presente em mim e em você. Mas o tempo passa e ninguém decide visitá-las.

Se não déssemos tanta relevância a nossas preocupações, provavelmente, teríamos a oportunidade de sair ao encontro desses irmãos desiludidos, bater à porta do coração e oferecer nosso auxílio. Um sorriso sincero pode resgatar a alma sofrida e transformar a descrença em esperança.

A indiferença constrói barreiras, que ferem o coração do marginalizado pela sociedade. A tarefa será árdua para conseguirmos adentrar esse coração machucado. Para conquistarmos a confiança, deveremos trilhar longo caminho, mas com o Senhor teremos forças necessárias para salvar o próximo.

Que sejamos destemidos discípulos de Cristo, que promovem a paz! Que o Espírito Santo nos conceda seus dons para trabalharmos pelo Reino de Deus e sermos sinal de esperança na vida do sofredor. Acreditemos no poder do bem para devolvermos a felicidade perdida aos corações de nossos irmãos.

Desse modo, a fé ressurgida trará luz aos lugares mais escuros da alma aflita, e sua missão estará cumprida pela graça de Deus. Assim seja!

50

"Quando rezamos, nunca o fazemos sozinhos: mesmo que não pensemos nisso, estamos imersos em um majestoso rio de invocações, que nos precede e continua depois de nós."

Hoje, uno minha prece à de meus irmãos. Hoje clamo a Deus por minhas dores e pelo sofrimento de quem desconheço; sinto seu sofrimento falar em minha alma, meu irmão e minha irmã de fé!

Como me sinto fortalecido quando me recordo de que não estou sozinho. Há certo alguém a rezar também por minhas aflições: eu por você, você por mim e Deus por todos nós!

Nessa imensidão, seu coração encontra-se com o meu, rezo para Deus conservar sua vida em fonte de bênçãos e de paz. Ainda que possa pensar, em algum momento de desespero: "Não tenho valor, para que existir?", saiba que sua preciosidade vai além de seus pensamentos. Você é insubstituível para o Senhor, Ele ama você e quer vê-lo(a) feliz!

O Senhor arquitetou cada detalhe de seu existir com alegrias, todavia também com tristezas, não para desanimá-lo(a) do caminhar, mas para fortalecê-lo a cada queda.

Você é pedra preciosa a ser lapidada nas mãos do Pai, confie em seu poder transformador. Deixe o Espírito Santo atuar em seu viver, apresente sua súplica com o coração genuíno, Ele providenciará a solução para os problemas que atormentam sua alma. Saiba esperar, nunca desanime, porque Ele jamais desanimou de você e deseja sua felicidade. Assim seja, eternamente! Amém!